SÍNTESIS DE DOCTRINA BÍBLICA

SÍNTESIS DE DOCTRINA BÍBLICA

Un panorama bíblico fácil de leer de varias doctrinas de las Escrituras

CHARLES C. RYRIE

EDITORIAL
PORTAVOZ

La misión de *Editorial Portavoz* consiste en proporcionar productos de calidad —con integridad y excelencia—, desde una perspectiva bíblica y confiable, que animen a las personas a conocer y servir a Jesucristo.

Título del original: *A Survey of Bible Doctrine,* de Charles Caldwell Ryrie.

Traducción: José Flores Espinosa

Revisión: Roberto Lloyd G.

EDITORIAL PORTAVOZ
2450 Oak Industrial Drive NE
Grand Rapids, MI 49505 USA
Visítenos en: www.portavoz.com

ISBN 978-0-8254-5752-4

1 2 3 4 5 edición / año 26 25 24 23 22 21 20 19 18 17

Impreso en los Estados Unidos de América
Printed in the United States of America

Contenido

Para empezar, una palabra importante . . . 7

1. ¿Cómo es Dios? . . . 13
2. ¿Es inspirada la Biblia? . . . 39
3. Jesucristo, el Señor . . . 55
4. El Espíritu Santo . . . 71
5. El mundo de los ángeles . . . 95
6. La naturaleza del hombre . . . 107
7. La salvación por Cristo . . . 123
8. ¿Qué es la iglesia? . . . 151
9. ¿Qué nos reserva el futuro? . . . 171

Índice de textos bíblicos . . . 199

Índice de temas . . . 209

PARA EMPEZAR, UNA PALABRA IMPORTANTE

En este libro tratamos de la doctrina bíblica. Podríamos, de otro modo, darle cualquier otro nombre, como "Lo que debes saber" o "Verdades para hoy", pero ¿por qué? si la palabra *doctrina* es perfectamente buena que implica sencillamente "enseñanza" y la enseñanza no se ha desacreditado todavía, aunque a veces, sí parece estarlo el hecho de estudiar. Vamos, pues, a llamar a este libro lo que realmente es –un libro que intenta hacer que el lector entienda lo que la Biblia enseña.

Algunos podrían llegar a excusarse por presentar un libro como este, pero no olvidemos que tenemos como títulos de libros "La enseñanza de Kant" (que es otra forma de decir "La doctrina de Kant") o "Los pensamientos de Charles Darwin" (otra forma de llamar a la "Doctrina de Darwin"). Afortunadamente no creemos necesaria la excusa cuando se trata de investigar la enseñanza de un libro que poseemos mucho antes que Kant y que Darwin, que ha sido conocido en el mundo mucho más que ningún otro libro y que todavía perdura cuando muchos otros libros han desaparecido. Nuestros institutos y universidades consideran de importancia el dar cursos de psicología, de sociología, de cualquier disciplina de cultura, temas todos ellos en el campo de la enseñanza que son relativamente nuevos en la historia de la humanidad. ¿Por qué, entonces, debe alguien apenarse cuando estudia el campo bíblico que ha resistido ante todos los embates que cualquier faceta del saber le ha presentado a través de los tiempos?

¿Crees que vas a introducirte en un estudio que está o va a estar pronto pasado de moda? Parece que se sospecha que el estudio de la Biblia consiste en una pérdida de tiempo considerable porque se trata de un libro que necesita ponerse al día. Cualquier persona que piense así, solo necesita marchar a Israel y oír allí a las principales personas citando la Biblia y mostrando cómo se ha venido cumpliendo en todos los acontecimientos que se registraron y registran en aquella tierra. Incluso el *Reader's Digest* de agosto de 1966 llevó un artículo titulado "El profundo contenido de la Biblia en todo tiempo", y resulta sorprendente descubrir con cuánta frecuencia y desde qué insospechados rincones la gente está volviendo a la enseñanza de la Biblia. El estudiar la Biblia es una actividad tanto contemporánea como de gran importancia.

La importancia del contenido que sugiere el título de este capítulo es la siguiente: todo el mundo tiene una fuente de autoridad que se convierte en base de operaciones de su pensar y de su obrar. A veces esa fuente de autoridad es compleja porque está formada por varios conceptos, y, a veces, la gente ignora el hecho de que tiene tal fuente de autoridad. Todos, no obstante, sin excepción, tienen una fuente, y vamos a nombrar unas cuantas a modo de ilustración.

El hombre que cree en una de las religiones no cristianas, como el hinduismo o el islamismo, acepta las enseñanzas de esa religión, incluso sus escritos. Si se trata de un discípulo verdadero, hará lo posible por vivir de acuerdo con tales enseñanzas y, por supuesto, rechazará el cristianismo sin dudar, sencillamente porque sus enseñanzas son incompatibles con lo que él ha aceptado como fuente de autoridad.

El principal sostén de la plataforma de un ateo es simplemente que Dios no existe y, partiendo de este marco de referencia, el ateo no acepta ninguna revelación de ningún ser trascendente, ni busca ni encuentra su código ético en una autoridad externa. Si está equivocado en su creencia básica, entonces todo su sistema de doctrina habrá de ser cambiado y tiene que *creer* porque no podrá *demostrar* que Dios no existe.

El agnosticismo parece ser poco más que una forma popular del ateísmo y, en vez de la declaración rotunda del ateo de que Dios no existe, el agnosticismo endulza la cuestión afirmando que no se puede conocer a Dios ni saber si Dios existe. El agnóstico, por tanto, procede a operar partiendo de esta base de referencia, pero también toda su teología será derribada por la capacidad de conocer; de ahí que, como los otros, él cree que el conocer es imposible.

Sin embargo, vivimos en unos tiempos en que las cosas no son blancas o negras y los sistemas de teología no pueden entrar en categorías y compartimentos como si se tratara de clasificaciones nítidas. Por ejemplo, la fuente de autoridad de la neo-ortodoxia es Cristo, que nos suena bien hasta que llega uno a investigar lo que tal idea significa sustancialmente en verdad. El bartiano (otro nombre que se da a la neo-ortodoxia) dice que su autoridad es Cristo, pero no la Biblia porque esta es un libro falible. Pero ya que es un libro lleno de errores (y si es nuestra única fuente de información acerca de Cristo), ¿cómo vamos a saber que Cristo tenga alguna autoridad si no le concedemos arbitrariamente la autoridad a base de nuestra fe y de nuestro razonamiento? Trabajando dentro de este cuadro de pensamiento híbrido, el bartiano sigue alegremente su camino predicando como un conservador, pero creyendo todo cuanto el liberalismo ha enseñado a lo largo del tiempo.

La autoridad del liberalismo reside en el hombre mismo y especialmente en su proceso de razonamiento. Para el liberal, la Biblia es totalmente producto de la razón humana y, por lo tanto, contiene solo pensamientos del hombre con respecto a Dios y al mundo, incluyéndose a sí mismo. Es la historia del desenvolvimiento humano en cuanto a sus creencias religiosas, pero no es un mensaje de un Dios trascendente que irrumpe en la historia desde el exterior. La ética, por consiguiente, viene producida por nuestra propia mente, y si algunos liberales, en verdad, se adhieren a códigos elevados de ética producidos por algunas de las mentes más preclaras de la historia, incluyendo aquella del noble Jesús, la presuposición básica del liberalismo permite que cada cual se formule su propio código ético.

Prácticamente, esto es lo que ha sucedido con la teología de "la muerte de Dios" porque, incluso si algunos de esos "teólogos" han llegado a incorporar "una sombra de la influencia de Jesús", es el hombre o la comunidad de hombres, quien o quienes trazan las líneas de la conducta en la ética a seguir. Ellos enseñan que si Dios ha de reaparecer en el pensamiento y en la vida de la humanidad, lo hará solo después de que le hayamos dado por muerto durante un tiempo, hayamos dejado de hablar de Él, y esperemos que cuando resurja lo haga en forma diferente, en aquella que sea conveniente para los hombres a su debido tiempo. Por tanto, la razón del hombre se constituye en base de autoridad al tratar de los asuntos de religión. Cuando estos sistemas modernos de teología van aparejados con la creencia en la evolución, como ocurre frecuentemente, la base humanística de la autoridad se revela de forma muy concreta.

Dentro de la órbita cristiana de sistemas teológicos, el catolicismo romano, por ejemplo, contempla a la Iglesia de Roma como base de autoridad. Es verdad que creen en la Biblia, pero dicen que debe ser interpretada por la iglesia; por lo tanto, la iglesia se convierte en la autoridad final y sus decisiones obligan a todos los miembros.

La base de autoridad para el cristiano evangélico es la que se encuentra dentro del marco de la revelación de Dios. Quizá te sorprendas de no oírme decir que se encuentra en la Biblia, y lo está, pero es que esta es solo parte de la revelación de Dios. Dios se ha revelado a sí mismo de varias maneras, en la naturaleza, en el curso de la historia, en acontecimientos especiales y hechos providenciales, milagros, visiones concedidas a los profetas, etc., y principalmente Dios se ha revelado en Cristo y en la Biblia. La naturaleza nos dice algo de las cosas de Dios, pero, en realidad, no es mucho. El estudio de la historia con una perspectiva cristiana nos aporta muchos datos, pero este no es el propósito de este libro. Lo que nosotros conocemos de Cristo lo sabemos por la Biblia y, por ello, un estudio de la Biblia resulta de capital importancia como medio adecuado para que el cristiano pueda llegar a conocer el fundamento de la autoridad, que es la revelación de Dios.

Hemos observado que cualquier otro sistema, cuya base de autoridad se ha citado, incluye una gran medida de fe, de donde se infiere que resulta perfectamente congruente para un cristiano decir: "Lo creo". Ahora bien, eso no significa que uno deba eliminar el intelecto al estudiar las enseñanzas de su fe, sino todo lo contrario. Las enseñanzas de la Biblia, aunque sencillas en su aspecto general, pueden ser muy profundas, complejas y desafiadoras del intelecto, pero siempre la mente operará dentro del marco de la base de autoridad que es la revelación de Dios, conservada principalmente en la Biblia.

Si alguno piensa que va a dejar descansar su mente y a no utilizarla ya cuando acepta la Biblia, ha de recordar que el estudio de la Biblia y de su doctrina puede requerir el conocimiento de hebreo y de griego o de cualquier otra lengua semítica, como igualmente el pensamiento teológico de todos los grandes del pasado, alguna teología contemporánea, conocimiento de la historia de la iglesia, y unas cuantas cosas más sobre el tema. Y a medida que vayas progresando te darás cuenta de que Dios no echa en saco roto tu pensamiento o tu conducta, sino que te abrirá nuevas esferas de pensamiento de las que no tenías idea al principio. Tu perspectiva cambiará igualmente y eso te dará una visión del mundo que tendrá sentido.

Si alguien que lea estas líneas tiene algunas dudas acerca de la forma de trabajar dentro de este marco de autoridad, ¿por qué no continúas leyendo y estudiando de todos modos? ¿No sería justo dejar que la Biblia misma hablase acerca de sus propiedades antes de que nosotros la juzguemos? El erudito honrado no dejará nunca de oír primeramente las evidencias antes de emitir su juicio, de suerte que, si la base de autoridad del lector no se ha completado aún, ¿por qué no considerar lo que la Biblia tiene que decir ella misma?

En un libro como este no es posible señalar todas las referencias bíblicas que apoyen una doctrina determinada; por lo tanto, será necesario que el lector busque muchas de estas referencias. Algunos libros que tratan de la doctrina bíblica presentan una hilera de referencias bíblicas junto a los puntos doctrinales que se estudian, pero, si bien no hay nada malo en ello, y, contrariamente, indican que hay muchos pasajes escriturales que apoyan a dicha doctrina, el lector se ve frecuentemente aturdido por tan larga lista de citas bíblicas llegando a no consultar ninguna de ellas. En este libro tan solo un número limitado de referencias han sido incluidas de acuerdo con su importancia y confiamos en que el lector mismo quiera comprobar las varias indicaciones para ver si lo que se dice es en realidad lo que la Biblia enseña.

Antes de enfrascarnos en el estudio, voy a ofrecer una palabra de aliento: Dios quiere que entiendas lo que la Biblia enseña, lo cual no quiere decir que vas a comprender y asimilar todas las verdades en la primera lectura, ni tal vez en toda tu vida, pero sí quiere decir que puedes confiar en que vas a aprender mucho. Dios empleó un lenguaje que quería que se interpretase precisamente con tanta normalidad y claridad como las palabras de este libro, de modo que considéralo así y acepta que Él sabe lo que dice. Cuando surja un problema, vuelve sobre él de nuevo y recuerda que también ha prometido Dios que el Espíritu Santo te ayudará a entender esas verdades según leemos en Juan 16:13 y 1 Corintios 2:12.

1

¿CÓMO ES DIOS?

En medio de la explosión de conocimiento del medio siglo pasado, es sorprendente cuántos han olvidado que el mayor conocimiento que podían obtener es el conocimiento de Dios. Supongamos que se hubiesen descubierto habitantes en otros planetas; ello no significaría que su descubrimiento era mayor que el conocer a quien habita en los cielos. El hecho de que hayamos enviado hombres a la luna no es tan sorprendente como el enviar hombres al cielo porque el conocimiento de Dios es, con toda certeza, lo de mayor importancia y lo más prioritario.

¿EXISTE DIOS?

Tradicionalmente ha habido dos líneas de pensamiento y de argumentos utilizados para demostrar la existencia de Dios.

Argumentos filosóficos

La línea tradicional de esa prueba es filosófica y puede satisfacer o no al incrédulo, pero sus argumentos son como sigue: El primero consiste en un argumento de causa y efecto y sencillamente recuerda al pueblo, a la gente, que todo cuanto ven a su alrededor representa un efecto. En otras palabras, el mundo natural es una consecuencia o efecto, lo cual les obliga a pensar en cuál será la causa de dicho efecto. Existen hoy dos posibles contestaciones a tal problema: 1) O nada produjo este mundo (aunque nunca se ha observado que algo haya surgido de la nada), o 2) algo fue la causa de este mundo. Este algo puede ser un "proceso cósmico eterno", o puede ser la casualidad, o se puede admitir que Dios fue la causa. Aunque tenemos que admitir que este argumento de causa-efecto no "prueba" en sí mismo que el Dios de la Biblia existe, conviene insistir en que la contestación teística es menos compleja para ser creída que cualquier otra. Se necesita más fe para creer que la evolución o inteligencia ciega (por muy contradictoria que parezca esta frase) pudiera ser la causa intrincada y compleja de la existencia de este mundo en que vivimos que para creer que Dios es la causa.

El segundo argumento filosófico se centra en el propósito que vemos en el mundo; en otras palabras, no solo nos enfrentamos con un mundo (primer argumento) sino que dicho mundo parece tener un propósito. ¿Cómo explicamos esto? El no teísta responde que esto sucede por casualidad y/o por el proceso de selección natural continuado (por supuesto, también casual). Nos queda, sin embargo, por preguntar si los actos tomados al azar "por casualidad" dan lugar a una organización perfectamente integrada y evidente en el mundo que nos rodea. Es posible decir que sí, pero la verdad es que se necesita mucha fe para creerlo. La contestación cristiana requiere también fe, pero no es, por ello, menos creíble.

El tercer argumento es referente a la naturaleza del ser humano. La conciencia de la persona, su naturaleza moral, inteligencia y capacidades tienen que ser reconocidas de alguna manera y aquí, nuevamente, el no teísta responde que todo ello ha evolucionado y propone una serie muy elaborada de explicaciones acerca de cómo pudo resultar todo. Una tendencia de nuestros días consiste en considerar al hombre como una criatura biológica u orgánica y cultural o superorgánica, y considerar ambos aspectos como evolución totalmente casual. Pero ¿es que esto explica la consciencia o ese extenderse para alcanzar la fe del ser superior que parece ser universal (aunque sea muy defectuoso en cuanto al conocer lo que ese ser es en realidad)? O ¿es que la misma existencia del ser humano señala a la existencia de un Dios personal? Pablo hace la pregunta a los filósofos de Atenas de la siguiente manera: "Siendo, pues, linaje de Dios, no debemos pensar que la Divinidad sea semejante a oro, o plata, o piedra, escultura de arte y de imaginación de hombres" (Hechos 17:29).

En relación con este argumento antropológico, el argumento

moral queda, a veces, delineado, presentando la cuestión de cómo la idea del bien y del mal, de lo justo y de lo injusto, se introdujo en la cultura humana. El ser humano parece tener un sentido de lo que es deseable en contraposición a lo que no lo es. ¿De dónde viene tal sentido y en qué se basa el individuo para decidir lo que ha de desear y lo que no? Algunos arguyen que el reconocimiento de lo bueno que hace el ser humano y su búsqueda de un ideal de moralidad le llevan a la existencia de Dios que es quien da realidad a dicho ideal. Otros han enfatizado que los sistemas éticos servidos por los filósofos siempre contienen paradoja y contradicción si el teísmo cristiano se deja a un lado, lo que requiere por necesidad el teísmo para explicar de modo satisfactorio la idea humana del bien y del mal. Por ejemplo, el humanista declara que no acepta ninguna norma absoluta, pero a continuación le exhorta a uno a hacer lo mejor.

Un cuarto renglón de pensamiento parece mucho más sofisticado y mucho menos fácil de comprender. Se llama el argumento ontológico (del participio presente griego del verbo "ser") y la idea es que Dios tiene que existir ya que el hombre tiene comúnmente la idea de un Ser más perfecto, y tal idea ha de incluir la existencia de semejante Ser. La razón es sencillamente que un ser, por otra parte perfecto, que no existiera, no sería tan perfecto como el ser perfecto que sí existiera. En consecuencia, ya que este concepto existe en la mente de los seres humanos, semejante perfectísimo Ser ha de existir. O, poniéndolo de otra manera, ya que Dios es el Ser más grande que pueda pensarse, no puede ser concebido sin existir; porque si lo fuera, entonces sería posible concebir otro ser mayor que Dios que existiera; por tanto, inferimos que Dios existe. Muchos (incluyendo a Immanuel Kant) no creen que este argumento tenga valor alguno; fue planteado por Anselmo en el siglo XII.

Tenemos que enfrentarnos con el hecho de que estos argumentos filosóficos no prueban en sí mismos la existencia del verdadero Dios, pero no tratamos de empequeñecerlos por cuanto pueden ser usados para establecer una presunción en favor de la existencia del Dios de la Biblia, y facilitan pruebas suficientes para colocar al ser humano no regenerado bajo una responsabilidad que le lleve a conocer más de Dios o a rechazar con inteligencia tal conocimiento, relevando a Dios de esta manera de más obligaciones con respecto a dichos seres humanos. Quizás entiendas que utilizando estas líneas de razonamiento puedas activar el pensamiento o abrir el camino para presentar el evangelio más claramente a algún compañero de estudios o a cualquier amigo.

Todo el enfoque teístico del mundo ha sido víctima de un ataque masivo por el empuje que ha dado la ciencia mecánica que ha puesto en cuarentena la posibilidad de los milagros y, al mismo tiempo, por la idea popularizada de la evolución. En el capítulo 7 discutimos el tema de la evolución, pero ahora conviene que digamos algo referente al asunto de los milagros.

Si definimos al milagro como hizo Hume, como una violación de las leyes de la naturaleza, entonces, desde luego, la posibilidad de que acontezca el milagro es ligera, si no nula, pero si un milagro es contrario a lo que sabemos de las leyes de la naturaleza, entonces la posibilidad de introducir un nuevo factor en las leyes conocidas de la naturaleza no queda eliminada. Este nuevo factor milagroso no contradice a la naturaleza por cuanto la naturaleza no es un todo que se contiene a sí mismo, sino que es un sistema parcial solamente, dentro de la realidad total, y un milagro es congruente dentro de ese mayor sistema que incluye a lo sobrenatural. Verdad es, sin embargo, que un milagro es algo que la naturaleza, dejada a sus propios recursos, no puede producir, pero si uno admite el postulado de Dios, los milagros son posibles, y si uno añade los postulados de pecado, salvación y la evidencia de las señales, entonces resultan necesarios, al parecer, los milagros.

El cristiano no considera los milagros como un camino fácil para escapar de las dificultades sino como una parte importante del verdadero conjunto de la historia del mundo. La mayoría de los historiadores no admitirán la realización del milagro hasta que hayan probado cualquier otra posible o probable explicación, pero aunque se admita la improbabilidad del suceso de un milagro en un tiempo dado y en un lugar determinado, eso no hace que la historia de su acontecimiento sea irreal e increíble.

Es improbable que seas el cliente número un millón para recibir el premio de un establecimiento que así lo haya anunciado, pero si llegas a serlo tus amigos no se negarán a admitir que lo fuiste, por la sencilla razón de que no era probable de que te tocara a ti.

La dimensión de lo sobrenatural es esencial al cristianismo y se ve frecuentemente en la historia. Ten cuidado, cuando consideres los milagros específicamente, de no caer en la tentación de buscarles explicaciones de tipo naturalista, y recuerda, además, que el negar los milagros es negar también la resurrección de Jesucristo, lo que significaría que nuestra fe está vacía de contenido.

Argumentos bíblicos

La otra línea probatoria es la que la Biblia nos presenta, la cual podemos resumir brevemente. Se dice con frecuencia que la Biblia no arguye la existencia de Dios, sino que sencillamente la asume en todas sus partes. Es verdad que las palabras iniciales de la Biblia asumen su ser, doctrina que constituye el fondo de todos los libros de que la compone. Pero es incompleto decir que la Biblia asume pero no arguye a favor de la existencia de Dios porque, si miramos el Salmo 19, encontramos a David diciendo claramente que Dios ha revelado su existencia en el mundo que nos rodea. Isaías decía a las gentes apóstatas, que estaban haciéndose ídolos y adorándolos, que consideraran el mundo que les rodeaba para pensar si aquellos ídolos que se estaban fabricando con sus propias manos podían haber creado todo lo que ellos veían en la naturaleza. La contestación era, naturalmente, negativa. Entonces les dijo: "Levantad en alto vuestros ojos y mirad quién creó estas cosas" (Isaías 40:26). El apóstol Pablo argumentaba ante los no cristianos que la lluvia y el cambio de los tiempos daban testimonio de la existencia de Dios (Hechos 14:17). Así que la Biblia sí arguye por, y a la vez asume, la existencia de Dios.

¿Cómo se ha revelado Dios a sí mismo?

Enseña el liberalismo que el ser humano conoce a Dios por sus propios esfuerzos, y, en contraste con ello, una de las "buenas" cosas que Karl Barth hizo cuando retumbó en el mundo con su nueva teología fue recordar a los hombres que no podía haber revelación alguna de Dios a menos que Dios mismo tomase la iniciativa para darse a conocer. En otras palabras, la cuestión es la misma que planteara Zofar unos cuantos miles de años antes: "¿Descubrirás tú los secretos de Dios?" (Job 11:7). El liberal dice que sí, pero el ortodoxo dice que no (esto no afirma que Barth sea conservador porque también añadió que no, y su concepto de la Biblia demuestra que no era conservador).

Sí Dios ha tomado la iniciativa para revelarse a sí mismo, ¿de qué formas lo ha hecho? Inmediatamente podemos pensar en Cristo y en la Biblia como contestaciones a tal pregunta, pero hay otras contestaciones también como la naturaleza y la historia. Estas dos últimas son claramente diferentes de las primeras en que no nos dicen tanto acerca de Dios, o, dicho de otra forma, parece haber modos generales y modos especiales en que Dios se revele. La revelación de Dios a través de la historia y de la naturaleza se llama revelación general, mientras que los otros medios se designan como revelación especial. ¿Cuáles son las características de la revelación general? Miremos el Salmo 19:1-6 y en el versículo primero hallamos el contenido de esa revelación como la gloria y la obra de sus manos, en tanto que el versículo segundo afirma la continuidad de todo ello, es decir, día y noche, por cuanto el cielo está siempre ahí para que pueda ser contemplado por la humanidad. El versículo 3 manifiesta el carácter de tal revelación en la naturaleza, que es silenciosa, pues "ni es oída su voz". Los versículos 4 al 6 dicen que el alcance de dicha revelación es "toda la tierra" y para todo ser humano (el versículo 6 implica que hasta un ciego puede sentir el calor del sol). Romanos 1:18-20, que es el otro pasaje central de esta doctrina, añade el hecho de que la revelación de Dios en la naturaleza contiene una revelación de su "eterno poder y deidad". La revelación de Dios en la historia se manifiesta de modos diversos. Da a todo el mundo lluvias y tiempos fructíferos (Hechos 14:17). De modo especial, reveló una variedad de aspectos de su ser y de su poder al pueblo de Israel (Salmo 78; su poder milagroso, v. 13; su ira, v. 21; su control de la naturaleza, v. 26; su amor, v. 38), pero de muchas maneras la revelación de Dios por medio de la historia es más explícita que por medio de la naturaleza.

En Jesucristo, Dios se reveló a sí mismo (nuestra palabra *exégesis* se deriva del verbo griego que se emplea en Juan 1:18) con claridad y detalle. Los milagros de Cristo mostraron cosas como la gloria de Dios (Juan 2:11); sus palabras hablaban del cuidado del Padre (Juan 14:2); su persona mostraba al Padre (Juan 14:9) y la manera de conocer al Padre es conocer al Hijo, de modo que, sin la revelación del Hijo, poco podemos conocer de Dios.

El otro campo de revelación especial es la Biblia. Hoy dicen algunos que la Biblia es una revelación menor que la del Hijo y que exagerar su importancia significa adoración de la Biblia (bibliolatría), pero si no consideramos la Biblia tanto como debiéramos, no podremos conocer tanto del Hijo, toda vez que nuestra única fuente de información acerca del Hijo (y, por consiguiente, acerca del Padre) es la Biblia. Además, si la Biblia no es fidedigna, no podremos conocer la verdad respecto del Hijo. Si solo son fidedignas ciertas partes o ciertas páginas de la Biblia, tendremos tantísimos cuadros de Jesucristo como individuos hay, tratando de resaltar partes de su biografía que consideran fidedignas. Diciéndolo de otra manera, si la Biblia no es verdadera del todo, acabaremos por estar mal informados o por valorar la cosa a nuestra manera subjetiva. Jesús mismo declaró que la Biblia le revelaba a Él (Lucas 24:27, 44-45; Juan 5:39) y, por supuesto, la Biblia revela muchas otras cosas respecto a Dios. Pensemos, por ejemplo, en los muchos aspectos de su plan que solo podemos conocer por medio de la Biblia y que nos dicen cosas acerca de Dios mismo. Podemos decir con firmeza que la Biblia es una fuente inagotable de información respecto a Dios.

¿Cómo es Dios?

Todos los medios de revelación mencionados deben darnos ocasión de saber algo acerca de cómo es Dios. Tradicionalmente, las características de Dios, manifestadas formal y sistemáticamente, se llaman atributos de Dios, y tradicionalmente han sido divididas en dos categorías. Hay algunos aspectos en que Dios es como nosotros (por ejemplo, Dios es justo, y el ser humano puede ser justo también); y hay otros aspectos en que Dios es único (por ejemplo, Él es infinito, lo que no corresponde con nosotros). No obstante, estas categorías no son estrictas y algunas de las elecciones referentes a dónde colocar ciertos atributos dentro de las categorías son disputables. Lo importante a estudiar es el atributo mismo, aprender no solo qué revela acerca de Dios, sino también cuáles son las implicaciones que comportan para la perspectiva de uno y la vida personal.

1. *Dios es omnisciente.* La omnisciencia significa que Dios lo sabe todo y que eso incluye, no solo el conocimiento de las cosas que suceden en la práctica, sino las que pueden suceder. Tal clase de conocimiento en Dios lo tiene por naturaleza y sin el esfuerzo de aprenderlo. Jesús manifestaba que era omnisciente cuando decía: "Si en Tiro y en Sidón se hubieran hecho los milagros que han sido hechos en vosotros, tiempo ha que se hubieran arrepentido en cilicio y en ceniza" (Mateo 11:21). Aquí vemos el conocimiento de las cosas que hubieran podido pasar. En el Salmo 147:4 leemos: "Dios cuenta el número de las estrellas y a todas ellas llama por sus nombres", en tanto que en Hechos 15:18 se lee: "Dice el Señor, que hace conocer todo esto desde tiempos antiguos".

Son muchas las ramificaciones prácticas de la omnisciencia de Dios. Pensemos, por ejemplo, lo que ello significa en relación con la seguridad eterna del creyente. Si Dios lo sabe todo, está claro que nada puede surgir después de nuestra salvación que Él no sepa cuando nos salvó. No había secretos del pasado que Él ignorara al ofrecernos la salvación eterna. Pensemos también en lo que significa la omnisciencia cuando nos ocurra algo trágico en nuestras vidas. Dios sabe y ha sabido todo desde el principio, operando en todas las cosas para su propia gloria y para nuestro bien último. Considera igualmente lo que significa la omnisciencia de Dios en relación con nuestro vivir cristiano cotidiano. Tenemos a alguien que conoce todas las caídas y todos los caminos de felicidad, y nos ofrece semejante visión cotidiana. Si escuchásemos lo que Él dice, evitaríamos muchas dificultades y molestias, experimentando, contrariamente, mucha felicidad.

2. *Dios es santo.* La palabra *santidad* es muy difícil de definir. El diccionario no nos ayuda mucho ya que solamente define la santidad como ausencia del mal, y frecuentemente se mide con una norma relativa. En la persona de Dios, la santidad es, desde luego, ausencia del mal, pero ha de incluir también una justicia positiva y todo ello hay que medirlo con Él mismo como norma absoluta. La santidad es uno de los más importantes, si no el más importante, de los atributos de Dios y ciertamente nada de lo que Dios hace puede hacerse si no está en perfecta armonía con su naturaleza de santidad. Pedro declara que "aquel que os llamó es santo" y luego prosigue diciendo el efecto que ello tiene en nuestras vidas, "sed también vosotros santos en toda vuestra manera de vivir" (1 Pedro 1:15).

Para comprender este concepto de la santidad podemos echar mano de una analogía y preguntarnos: ¿qué significa estar sano? Significa algo más que no estar enfermo, y, de la misma manera, la santidad es más que la ausencia del mal o del pecado; es un estado positivo, saludable de estar en lo justo. Y eso es lo que Juan quería decir al afirmar que Dios es luz (1 Juan 1:5).

La ramificación de este concepto es obvia: "Andad en luz". Un concepto propio de la santidad como requerimiento de un vivir cristiano pondría punto final a una serie de discusiones acerca de lo que se permite y lo que no se permite al cristiano. Parece como si muchos estuviesen tratando de descubrir cuán cerca podrían llegar al pecado sin despegarse de su propio y particular grupo cristiano, en lugar de determinar el sentido de las cosas con base simplemente en la pregunta: "¿Es santo?". No sientas la tentación de dirigir o de seguir al grupo que dice "acerquémonos tanto como sea posible"; en lugar de eso, trata de ser guía en santidad lo cual agradará a Dios por cuanto ello comporta imitar a Dios.

3. *Dios es justo.* Si bien la santidad concierne principalmente al carácter de Dios, la justicia o rectitud tiene más que ver con el carácter expresado en sus actos con los prójimos. Significa que Dios es equitativo, o, como dice la Biblia, no hace acepción

de personas. David dijo: "Los juicios de Jehová son verdad, todos justos" (Salmo 19:9; ver también Salmos 116:5; 145:17; Jeremías 12:1).

La aplicación más clara de la justicia de Dios tiene que ver con el juicio. Cuando los seres humanos se presentan delante de Dios para ser juzgados van a recibir plena justicia, lo cual constituye tanto un consuelo para quienes fueron víctimas de injusticias en la vida, como una advertencia para aquellos que pensaron que iban bien sirviendo al diablo. Pablo, ante una audiencia de personas no salvas, advirtió de modo enfático que vendría un juicio exacto, con estas palabras: "Por cuanto ha establecido un día en el cual juzgará al mundo con justicia, por aquel varón a quien designó, dando fe a todos con haberle levantado de los muertos" (Hechos 17:31).

Si se piensa un poco más, se puede preguntar si Dios puede salvar a los pecadores y ser todavía justo. Esta pregunta es interesante y el mismo Pablo la contesta a los romanos de forma afirmativa (Romanos 3:21-26), solamente porque Jesús murió para pagar nuestra deuda por el pecado, cosa que requería el Dios justo. Una vez que el precio se pagó, Dios puede ser justo (sin comprometer su santidad) al propio tiempo que justifica al que cree en el Señor Jesucristo.

4. *Dios es amor (1 Juan 4:8).* ¿Qué es el amor? Esta es una de las palabras más usadas y es con frecuencia la menos definida en nuestro vocabulario actual. He aquí una manera de llegar al concepto acertado de lo que es el amor. Cuando los jóvenes piensan que el amor es, en el sentido más natural, una experiencia emocional de lo más agradable, tienen razón; pero no es todo el concepto del amor. Cuando esos mismos jóvenes crecen, se casan y tienen hijos, aprenden pronto que tienen que disciplinarlos y la pareja que primeramente mece cariñosamente a su bebé y luego tiene que corregirle, por ejemplo, cuando llega a querer poner su mano en la estufa caliente, están expresando dos aspectos del amor. En consecuencia, cualquier definición del amor debe ser lo suficientemente amplia para incluir esos dos aspectos, el de acariciar y proteger a la criatura amada, y el de corregirla. Inferimos, entonces, que podemos proponer

la definición del amor como aquello que busca el bien para el objeto amado. Pero cualquiera que cuida niños sabe que hay tantos expertos en la educación infantil como hay abuelas y tías. Lo que es bueno en opinión de una no es bueno en opinión de otra. Para el cristiano este problema de qué es bueno y qué es malo queda solucionado con facilidad porque el *bien* es la voluntad de Dios, de modo que colocándolo en nuestra sugerida definición, podemos decir que el amor es lo que busca la voluntad de Dios en el objeto amado. ¿Valdrá semejante definición? Vamos a probarla. Dios es amor, lo que significa que busca su propia voluntad y su gloria, y sabemos que esto es verdad. Dios ama al mundo, lo que significa que busca que su voluntad sea hecha en el mundo. Dios ama a los pecadores, lo que significa que quiere que ellos conozcan su voluntad, y es su deseo que ellos conozcan y crean en su Hijo. Nosotros tenemos que amarnos los unos a los otros, lo que significa que tenemos que esforzarnos en ver que la voluntad de Dios sea hecha en cada uno. Así parece que la definición funciona.

El amor de Dios parece ser de tal naturaleza que se interese en el bienestar de las criaturas de tal forma que exceda a las concepciones humanas normales, como entendemos en 1 Juan 3:16 y en Juan 3:16. Está casi más allá de la comprensión humana el pensar que Dios pueda identificarse emocionalmente con los seres humanos, y, desde luego, la gran manifestación en este sentido se encuentra en el sacrificio de su Hijo para salvar a los mortales (1 Juan 4:9-10). También enseña la Biblia que el amor de Dios se comunica a los corazones de los hijos de Dios (Romanos 5:8).

Una enseñanza muy popular de hoy es que Dios es amor y que siendo amor siempre actúa de forma amorosa con sus criaturas, y que al final todos los seres humanos serán salvos. A esta enseñanza se le llama universalismo. El problema es que tal doctrina no tan solo contradice manifestaciones clarísimas de la Biblia, como la de que habrá hombres que serán echados en el infierno para siempre (Marcos 9:45-48), sino que interpreta malamente el concepto de amor en su relación con otros atributos de Dios. El amor puede tener que castigar y el atributo de amor no opera en Dios aparte de sus otros atributos, particularmente los de santidad y justicia.

5. *Dios es verdadero.* El término "verdad" es también concepto difícil de definir. El diccionario dice que es una concordancia con lo representado; si se aplica a Dios, significa que Dios es consistente consigo mismo y de esta forma todo cuanto hace es verdadero. La Biblia afirma que Dios es verdadero (Romanos 3:4) y que Jesús afirmaba que Él era la verdad (Juan 14:6), haciéndose de esta manera igual a Dios. Las ramificaciones de la verdad de Dios descansan sobre el campo de sus promesas, principalmente porque Él no puede engañar en ninguna de las promesas que ha hecho. Esto incluye las promesas de aspecto amplio, como es el caso de la nación de Israel, y afecta con igual certeza a las promesas hechas a los creyentes para un vivir diario. La verdad de Dios afecta igualmente a su revelación porque Aquel que es verdadero no puede revelar ni ha revelado nada que sea equivocado o engañoso.

6. *Dios es libre.* La libertad en Dios significa que es independiente de todas sus criaturas, pero, naturalmente, no significa que es independiente de sí mismo. Con frecuencia oímos decir que las únicas restricciones en Dios son aquellas inherentes a su propia persona (por ejemplo, Dios no puede pecar porque su santidad le impide hacerlo). Tal vez sería mejor considerar el asunto de esta manera: las únicas restricciones en la libertad de Dios son las restricciones de la perfección, y ya que la perfección no es restricción, en realidad, pues, Dios no se ve restringido en manera alguna. Cuando Isaías preguntó al pueblo: "¿Quién enseñó al Espíritu de Jehová, o le aconsejó enseñándole? ¿A quién pidió consejo para ser avisado? (Isaías 40:13-14), esperaba la contestación "nadie" porque Dios es libre (independiente de sus criaturas) y, si esto es cierto, entonces cualquier cosa que Dios haya hecho por sus criaturas no lo ha hecho por un sentimiento de obligación para con ellos, porque no tenía ninguna. Lo que ha hecho por nosotros es producto de su amor y compasión.

7. *Dios es omnipotente.* Cincuenta y seis veces declara la Biblia que Dios es el Todopoderoso (palabra que no se aplica a

ninguno, sino solo a Dios, cp. Apocalipsis 19:6). Cuando los estudiantes hablan de la omnipotencia de Dios, a veces bromean diciendo si Dios podría hacer que dos más dos fuesen seis. Es probable que semejante pregunta no caiga dentro del campo de la omnipotencia tal como esta se plantea. De la misma manera podríamos preguntarnos si la dinamita podría hacer que dos más dos fuesen seis. Las verdades de las matemáticas no caen dentro de la omnipotencia, pero sí, ciertamente, la seguridad del creyente, y nosotros estamos seguros de nuestra salvación por un Dios omnipotente (1 Pedro 1:5). De hecho, nuestra salvación es efectiva porque el evangelio es potencia de Dios para salvación (Romanos 1:16). De modo que más bien que meditar en lo ridículo, sintámonos agradecidos por los fundamentos de nuestra redención, que se efectúan por el poder que Dios tiene para crear (Génesis 1:1), por la preservación que lleva a cabo de todas las cosas (Hebreos 1:3) y por su cuidado providencial de cada uno de nosotros.

8. *Dios es infinito y eterno.* Ya que no hay nada en nuestras naturalezas humanas que corresponda a *infinito* (pero sí lo opuesto, o sea, lo finito) resulta difícil, si no imposible, el que nosotros lleguemos a asimilar dicho concepto. La verdad es que muchos diccionarios recurren a definirlo por medio de negativos, o sea, sin terminación o sin finitud. La voz *eternidad* se define comúnmente como infinito, en relación con el tiempo, pero cualquier cosa que se encuentre implicada en estos conceptos podemos ver que han de significar que Dios no se encuentra limitado por lo finito y que Él no está limitado por la sucesión de acontecimientos, los cuales constituyen necesariamente una parte del tiempo. De igual forma, su eternidad se extiende hacia atrás desde nuestro punto de vista del tiempo, y hacia adelante por siempre. No obstante, este concepto no significa que el tiempo no constituya realidad para Dios porque, aunque Él ve el pasado y el futuro como presentes, también los ve como incluyendo una serie de acontecimientos, no siendo Él mismo coartado por tal sucesión. "Antes que naciesen los montes y formases la tierra y el mundo, desde el siglo y hasta el siglo, tú eres Dios" (Salmo 90:2; cp. Génesis 21:33; Hechos 17:24).

9. *Dios es inmutable.* La inmutabilidad significa que Dios ni cambia ni es cambiable. Dios nunca difiere de sí mismo y, por tanto, en nuestro concepto de Dios no puede caber la idea de un ser que crece y se desarrolla. Es el único en quien no puede haber variabilidad (Santiago 1:17; cp. Malaquías 3:6; Isaías 46:9-10).

Hay el problema de la conexión con la inmutabilidad de Dios que reflejan aquellos versículos que hablan de que Dios se arrepiente (Génesis 6:6; Jonás 3:10). Si estos versículos se entienden como indicadores de que, en realidad, Dios cambia sus planes, entonces es o no inmutable o no soberano. Pero si tales versículos se refieren tan solo a la revelación o al descubrimiento paulatino de los planes de Dios a la humanidad, entonces puede decirse que, aunque sus planes no cambian, conforme el mortal contempla semejante descubrimiento, parecería que se da, en efecto, el cambio. En otras palabras, el "arrepentimiento" de Dios solamente existe en nuestro punto de vista. Consecuentemente, se trata de un arrepentimiento aparente toda vez que su plan eterno e incambiable se va desarrollando en la historia.

10. *Dios es omnipresente.* Sencillamente, la omnipresencia significa que Dios está presente en cualquier lugar. El concepto no es difícil, pero sí lo son algunos aspectos relacionados con él; por ejemplo, ¿cuál es la diferencia entre omnipresencia y panteísmo? En esencia, es la siguiente: que la omnipresencia dice que Dios está presente en todo lugar (aunque separado del mundo y de las cosas que hay en él) en tanto que el panteísmo dice que Dios está en todas las cosas. La omnipresencia dice que Dios está presente en la habitación en que tú estás leyendo este libro, pero el panteísmo afirma que Dios está en la silla y en la ventana, etc. Otra distinción importante es la siguiente: aunque Dios está en todo lugar (si bien no en cada cosa), esto no contradice el hecho de que haya varios grados de manifestación de su presencia. La presencia de Dios en la gloria de la Shekina fue una manifestación inmediata y localizada de su presencia, mientras que su presencia en relación con los seres humanos no redimidos apenas es notada por ellos. Además, la presencia de Dios no se efectúa corrientemente en forma corporal o visible, aunque en ocasiones se haya realizado así para que se vea su gloria, sino

que la omnipresencia es una manifestación espiritual de Dios. El Salmo 139 enseña su omnipresencia de una forma clarísima, lo que, en doctrina, significa que, desde luego, nadie puede escapar al control de Dios. Incluso si alguien tratase de escapar de Dios a lo largo de toda su vida, al fin no podrá escapar a la hora de la muerte. Por otra parte, significa también que un creyente puede experimentar la presencia de Dios en cualquier momento y conocer de la bendición que supone el caminar con Él en todas las pruebas y circunstancias de la vida.

11. *Dios es soberano.* La palabra soberano significa jefe, el superior o el supremo, y cuando decimos que Dios es soberano, estamos diciendo que es el Gobernante número uno de todo el universo. La verdad es que la palabra en sí no refleja nada respecto de cómo gobierna dicho soberano, aunque la Biblia lo describe. La palabra misma significa solo que es el Ser supremo del universo. Esto, por supuesto, implica cierta manifestación de autoridad en el caso de un soberano cualquiera, pero una autoridad total y absoluta en el caso de Dios. No significa esto, sin embargo, que Dios gobierna el universo como un dictador, toda vez que Dios no es solamente soberano, sino también amor y santidad. Dios no puede hacer nada que no cause que sus diversos atributos actúen de modo armonioso. El concepto de soberanía encierra todo el plan de Dios en todos sus detalles intrincados respecto del propósito y de la elaboración del plan. Aunque, con frecuencia, Dios deja que las cosas sigan su cauce natural de acuerdo con las leyes que Él mismo ha establecido, sigue siendo el mismo Dios soberano que mueve todas las cosas de acuerdo con su sabio plan ya establecido.

No nos cabe duda que la Biblia enseña que Dios es soberano, pues nos bastaría con leer Efesios 1 y Romanos 9 (sin preocuparnos de las ramificaciones). La idea de la soberanía de Dios es alentadora para el cristiano por cuanto le asegura que nada escapa al control de Dios y que sus planes siempre llegan a la victoria.

Estos son los principales atributos o características de Dios, y este es el único Dios que existe. El Dios de la Biblia no es un dios que haya forjado la mente humana, ni el pensar humano, ni siquiera su propia elección, sino que es el Dios que se revela a sí mismo.

¿CÓMO SE LLAMA DIOS A SÍ MISMO?

Los nombres de las personas siempre dicen algo acerca de ellas o de la relación que tienen con aquellos que usan los nombres, y, con frecuencia, los nombres surgen de las experiencias que tienen las gentes. Así pasa con Dios quien ha revelado aspectos de su naturaleza por medio de nombres que emplea con los seremos humanos, y algunos de ellos han surgido de experiencias específicas que los seres humanos han tenido con Dios.

Nombres simples en el Antiguo Testamento

1. *Elohim.* El nombre más general, aunque el menos específico en significado, que el Antiguo Testamento da a Dios es *Elohim.* Aunque no queda clara su etimología, aparentemente significa "el Fuerte" y se emplea, no solamente para el Dios verdadero, sino también para los dioses falsos paganos (Génesis 31:30; Éxodo 12:12). La terminación *im* indica que la palabra es plural, lo que ha dado pie a considerables especulaciones en cuanto al significado del plural. Unos han sugerido que indica un politeísmo, que sería difícil de mantener por cuanto el singular (*Eloah*) se emplea rara vez y por que Deuteronomio 6:4 dice abiertamente que Dios es uno. Otros han intentado demostrar que el concepto de Trinidad es factible en esta palabra plural, y, si bien la doctrina de la Trinidad es, desde luego, bíblica, resulta dudoso que pueda probarse con esta base del nombre de Dios. A pesar de lo dicho, esto no significa que el nombre plural de *Elohim* no indique alguna distinción dentro del concepto de la divinidad. Aunque el plural sí permite la revelación clara en el Nuevo Testamento de esa Trinidad, lo más probable es que se entienda mejor como indicador del poder de Dios. *Elohim,* el Fuerte, es el poderoso Gobernador del universo y de todos los asuntos de la humanidad. Este nombre de Dios aparece más de 2.500 veces en el Antiguo Testamento. Lee versículos como Génesis 1:1 y recuerda que este es tu Dios en todas las circunstancias de tu vida.

2. *Jehová.* Este es el nombre más específico para Dios en el Antiguo Testamento, si bien Jehová no es una palabra verdadera. Resulta ser una palabra artificial creada de la consideración de cuatro letras hebreas, YHWH, y de las vocales que se intercalan entre esas consonantes, procedentes del otro nombre de Dios, *Adonai,* o sea JaHoWah, o Jehová. Los judíos tenían un miedo supersticioso de pronunciar el nombre de YHWH, de modo que cada vez que se encontraban con él, tenían que pronunciar Adonai. Probablemente, debemos pronunciarlo Yahveh.

El significado de la palabra también es asunto de mucha discusión. Parece haber acuerdo de que está relacionado de alguna manera con el verbo hebreo "ser" o alguna variante o forma primitiva, lo que nos da la idea de la existencia eterna de Dios (Éxodo 3:14). En su uso de Éxodo 6:6, sin embargo, parece encontrarse una idea añadida que relaciona el nombre de modo especial con el poder de Dios para redimir a Israel de la esclavitud de Egipto. Ya hemos visto que un nombre siempre dice algo de la persona y de alguna relación que la persona pueda tener, de modo que en el nombre de *Yahveh* se dan de modo evidente estos dos rasgos: Yahveh es eterno y Yahveh tuvo una especial relación con Israel como Redentor suyo.

Este nombre ocurre cerca de 7.000 veces en el Antiguo Testamento y viene asociado especialmente con la santidad de Yahveh (Levítico 11:44-45), con su repulsa del pecado (Génesis 6:3-7) y con su aporte de redención misericordiosa (Isaías 53:1, 5, 6, 10).

3. *Adonai.* Este es el nombre de Dios que los judíos sustituyeron por el Tetragrámaton (las cuatro letras YHWH, *Yahveh*) cuando leían las Escrituras. Sin embargo, también ese nombre es designación básica de Dios que significa el concepto de Señor (dueño). Se emplea, como habría de esperar, para la relación entre los seres humanos (de dueños a esclavos, como en Éxodo 21:1-6); de forma que cuando se refiere a la relación de Dios con los seres humanos transmite la idea de su absoluta autoridad. Observa sus usos en Josué 5:14, donde Josué reconoce la autoridad del capitán de los ejércitos del Señor, y en Isaías 6:8-11, donde Isaías va comisionado por su Dueño.

Hay dos aspectos de la relación de amo a siervo. Por un lado, el siervo debe prestar absoluta obediencia a su dueño y, por el otro, el dueño se obliga a cuidar del siervo. Si el creyente llama, en verdad, a Dios por su nombre de Señor, tiene entonces que esperar que Dios se cuide de él, y Dios, a su vez, ha de esperar que el creyente le obedezca en todo.

Nombres compuestos del Antiguo Testamento

Frecuentemente, el Antiguo Testamento revela algo del carácter o de la actividad de Dios usando alguna designación de nombres compuestos con Yahveh o El (que es el singular de Elohim). He aquí algunos ejemplos:

1. *El Elyon. "El Altísimo"* (Génesis 14:22). Observa su uso en relación con el deseo de Lucifer de ser como el Altísimo (Isaías 14:14).

2. *El Olam. "El Dios eterno"* (Génesis 21:33). Observa este uso en relación con el poder inagotable de Dios (Isaías 40:28).

3. *El Shaddai. "El Dios Todopoderoso"* (Génesis 17:1). Este se deriva, probablemente, de otra palabra relacionada que significa "montaña" y describe a Dios como el poderoso sobre todos situado en una montaña. El nombre se emplea frecuentemente en relación con el castigo del pueblo de Dios, como en Rut 1:20-21, y las treinta y una veces que se emplea en el libro de Job.

4. *Yahveh Jireh. "Dios proveerá"* (Génesis 22:14). Esta palabra solo aparece aquí. Después de que el ángel del Señor apuntara a un carnero como sustituto de Isaac, Abraham nombró al lugar "Dios provee".

5. *Yahveh Nissi. "El Señor es mi bandera"* (Éxodo 17:15). De igual forma, tras la derrota de los amalecitas, Moisés levantó un altar y le llamó *Yahveh Nissi.* A decir verdad, ni este ni los otros compuestos son, en realidad, nombres de Dios, sino designaciones que se dieron en acontecimientos conmemorativos.

6. *Yahveh Shalom. "El Señor es paz"* (Jueces 6:24).

7. *Yahveh Sabbaoth. "El Señor de los ejércitos"* (1 Samuel 1:3). Los ejércitos son los ángeles del cielo que están dispuestos a obedecer los mandamientos de Dios. Este título se empleó

frecuentemente por los profetas (Isaías y Jeremías) durante épocas de desgracia nacional para recordar al pueblo que Yahveh era todavía su protector.

8. *Yahveh Maccadeshen. "El Señor tu santificador"* (Éxodo 31:13).

9. *Yahveh Roi. "El Señor... mi pastor"* (Salmo 23:1).

10. *Yahveh Tsidkenu. "El Señor, nuestra justicia"* (Jeremías 23:6). Este título fue un tremendo golpe contra el rey Sedequías ya que Yahveh es justicia, siendo él un rey completamente injusto (2 Crónicas 36:12-13).

11. *Yahveh Shammah. "El Señor está ahí"* (Ezequiel 48:35).

12. *Yahveh Elohim Israel. "El Señor, Dios de Israel"* (Jueces 5:3). Esta es la designación frecuentemente usada por los profetas (Isaías 17:6) similar al Dios de Abraham, de Isaac y de Jacob.

13. *Qadosh Israel. "El Santo de Israel"* (Isaías 1:4).

Esta lista podría prolongarse por cuanto dichos compuestos no son, en realidad, nombres distintos, sino más bien designaciones o títulos. Sin embargo, deben ser incluidos en nuestro estudio ya que revelan algunas cosas acerca de Dios. Recordemos que en Oriente un nombre es más que la identificación; es una descripción del que lo lleva y con frecuencia revela alguna característica o actividad de dicha persona. "¡Oh Jehová, Señor nuestro, cuán grande es tu nombre en toda la tierra!" (Salmo 8:1, 9).

Como resumen, diremos que el conocimiento del verdadero Dios es el más grande conocimiento que una persona pueda tener. Hay ciertos argumentos lógicos que puedan inclinar la balanza a favor del teísmo (aunque no nos dicen quién es Dios ni cómo es). El mundo que nos rodea nos habla del poder de Dios, pero es en la Biblia donde encontramos y aprendemos todos los hechos completos acerca de Dios. Específicamente, aprendemos acerca de Él por medio de lo que la Biblia dice de su carácter (atributos) y nombres.

¿Qué es la Trinidad?

No se halla en la Biblia la palabra *trinidad* y la verdad es que muchos piensan que es una palabra pobre para describir esta enseñanza particular de la Biblia porque. En verdad, describe solo la mitad de dicha enseñanza. La razón la veremos con claridad seguidamente.

Cuando uno estudia un libro como este puede parecer al lector que quien lo escribe, o la iglesia, o alguna otra persona está diciendo: "Estas son las doctrinas... ¡Cree en ellas!" Si tal sucede es porque el lector está considerando los resultados del estudio de alguien, y no el proceso del mismo. No decimos: "Aquí están las doctrinas, créelas, aunque no te gusten", pero sí decimos: "Aquí hay ciertas verdades con las que hay que enfrentarse. ¿Cómo los armonizarías y los organizarías?"

La enseñanza sobre la Trinidad es una buena ilustración de ello. Probablemente, has oído lecciones acerca de la Trinidad en que solo se ofrecían los resultados, esto es, que Dios es uno y existe en tres personas. Sí luego querrías alguna ilustración, no se te podía dar ninguna que fuese satisfactoria. Por ello, pensarías que se trataba de una doctrina que habría que creer a toda costa.

Prácticamente, el camino que tenemos que seguir es este: conforme leamos la Biblia, ciertos hechos asombrosos nos confrontan y exigen la atención nuestra. Específicamente la Biblia parece decir con claridad que hay un solo Dios verdadero, pero también parece decir con igual claridad que hubo un hombre llamado Jesucristo que dijo ser igual a Dios y que hay Alguien llamado Espíritu Santo que también es igual a Dios. Ahora bien, ¿cómo se pueden armonizar esos factores? La forma en que los conservadores lo han hecho resulta en la doctrina de la Trinidad, pero otros han puesto dichos factores juntos y han llegado a una conclusión distinta respecto a la Trinidad (que las personas son modos de expresión de Dios, pero no personas distintas) y todavía otros han rechazado las declaraciones de Cristo de que sea igual a Dios, como igualmente la de que el Espíritu Santo lo sea, y entonces se han dado el nombre de unitarios. Sin embargo, los dichos permanecen todavía ahí en la Biblia y la necesidad de combinarlos es lo que vamos a estudiar en esta sección.

Cualquier concepto de la Trinidad debe equilibrarse con

cuidado por cuanto debe mantener en un lado la unidad de Dios y en el otro las distinciones e igualdad de las personas. Por ello la palabra *trinidad* tan solo dice la mitad de la doctrina, es decir, la parte de "los tres", pero no la unidad. Tal vez la palabra *triunidad* es mejor ya que contiene ambas ideas: la "tri" (concepto de tres) y la "unidad" (concepto de uno).

Pruebas de la unidad

El texto de Deuteronomio 6:4 puede traducirse de varias maneras (por ejemplo, "Yahveh, nuestro Dios, es un Yahveh", o "Yahveh es nuestro Dios, Yahveh solo"), pero en cualquier caso es una declaración fuerte de monoteísmo. Y así son Deuteronomio 4:35 y 32:39, lo mismo que Isaías 45:14 y 46:9. El primero de los llamados diez mandamientos muestra que Israel tenía que entender que hay un solo Dios verdadero (Éxodo 20:3 y Deuteronomio 5:7). El Nuevo Testamento es igualmente claro en pasajes como 1 Corintios 8:4-6; Efesios 4:3-6 y Santiago 2:19, todos los cuales declaran enfáticamente que hay un solo Dios verdadero. Por lo tanto, la doctrina de la Trinidad no ha de implicar de forma alguna que pueda haber tres dioses. Dios es solo y único, que pide la exclusión de cualquier otro pretendido rival y elimina cualquier sugerencia de triteísmo

Pruebas de tres

En ninguna parte explica el Nuevo Testamento de manera explícita la doctrina de la triunidad (ya que 1 Juan 5:7 no forma parte, al parecer, del texto genuino de la Escritura); sin embargo, las evidencias son abrumadoras.

1. El Padre es reconocido como Dios. Observa, entre otros versículos de la Escritura, Juan 6:27 y 1 Pedro 1:2. Este extremo difícilmente se debate.

2. Jesucristo es reconocido como Dios. A pesar de sus dudas, Tomás le reconoció como tal (Juan 20:28). Jesús mismo manifestó poseer algunos de los atributos que solo Dios tiene, como la omnisciencia (Mateo 9:4), la omnipotencia (Mateo 28:18) y la omnipresencia (Mateo 28:20). Aún más, hizo cosas que solo Dios puede hacer (y el pueblo lo reconoció), como en Marcos

2:1-12, la curación del paralítico, que probaba que Cristo tenía poder para perdonar pecados, cosa que solo se le reconocía a Dios.

3. El Espíritu Santo es reconocido como Dios. Se habla de Él como de Dios (Hechos 5:3-4, mentir al Espíritu es igual que mentir a Dios). Posee los mismos atributos que Dios y aquellos que solo pertenecen a Dios en exclusiva, como son la omnisciencia y la omnipresencia (1 Corintios 2:10; Salmo 139:7). El que regenera al ser humano es el Espíritu, como leemos en Juan 3:5-6, 8.

Estas pruebas del Nuevo Testamento son claras y explícitas, pero preguntamos: ¿hay pruebas similares en el Antiguo Testamento? La contestación es que no, porque lo que el Antiguo Testamento revela respecto de la Trinidad no está claro y explícito, sino insinuante e implícito. Quizá sea mejor decir, probablemente, que el Antiguo Testamento, aunque no revela la triunidad de Dios, sí que permite la posterior revelación de la misma en el Nuevo Testamento. Los pasajes que emplean la palabra plural, *Elohim*, para Dios y los pronombres personales de Dios permiten esta revelación posterior (Génesis 1:1, 26). Se reconoce al Ángel de Yahveh como Dios y, sin embargo, es distinto de Dios (Génesis 22:15-16), indicando dos personas iguales. Al Mesías se le llama Dios fuerte (Isaías 9:6 y observamos la condición de eternidad que se le concede en Miqueas 5:2), indicando de nuevo dos personas iguales, pero distintas. Probablemente, Isaías 48:16 sea la insinuación más clara de la Trinidad en el Antiguo Testamento porque "Yo" (el Señor) viene asociado con Dios y el Espíritu en una relación de igualdad aparente. No obstante, se trata de insinuaciones que no son tan explícitas como las pruebas del Nuevo Testamento.

La evidencia de la triunidad

Probablemente, el versículo que mejor declara la doctrina de la triunidad de Dios, equilibrando ambos aspectos del tema (unidad y Trinidad), sea el de Mateo 28:19: "bautizándolos en el nombre del Padre, y del Hijo, y del Espíritu Santo". No hay duda del aspecto trinitario por cuanto se mencionan al Padre, al Hijo y al Espíritu Santo, y solamente a los tres. La unidad se destaca indudablemente en el "nombre" singular más bien que en los "nombres". Hay otros versículos similares a este en donde los tres vienen asociados en la igualdad y, sin embargo, se distinguen (como en la bendición de 2 Corintios 13:14 y la presencia de la Trinidad en el bautismo de Cristo, Mateo 3:16-17), pero tampoco contienen el fuerte énfasis sobre la unidad como indica el "nombre" singular en Mateo 28:19.

Una vez vista la evidencia y determinada la enseñanza de que hay un Dios y, no obstante, tres personas en la Divinidad, ¿será posible formalizar este concepto dentro de una definición? Una de las mejores es la de Benjamín Warfield: "La doctrina de que hay un solo Dios verdadero, pero en la unidad de la Divinidad hay tres Personas eternas y co-iguales, que son iguales en sustancia, pero distintas en subsistencia". La subsistencia significa el ser o la existencia. Es verdad que la palabra *persona* no es buena, en definitiva, porque parece indicar individuos separados en la Divinidad, si bien, aunque todos reconozcamos deficiencias en dicha palabra, hemos de preguntarnos si hay otra mejor.

¿Podemos ilustrar la Trinidad? No de modo perfecto, no muy bien, probablemente, porque muchas de las ilustraciones no pueden incluir la idea de que los tres poseen plenamente todas las cualidades del uno de modo igual y sin separación. Una ilustración tomada de la psicología nota que la persona interna, en su profundo ser, o sea su alma, puede dialogar consigo mismo, anotando ambos terrenos del debate y juzgando luego. Otro usa el sol (como el Padre) y observa que nosotros solamente vemos la luz del sol, pero no el sol mismo, que, evidentemente, posee todas las propiedades del sol (como el Hijo que vino a la Tierra), observando más aún que los poderes químicos del sol (que también poseen todas las cualidades del sol y, sin embargo, son distintos) es lo que hace crecer a las plantas. El sol, su luz, y su poder, pueden sernos de ayuda para ilustrar el tema de la Trinidad.

No hay que extrañarse de que una doctrina difícil como esta haya sido el punto focal de muchos errores cometidos a lo largo de la historia de la iglesia. Un error que aparece una y otra vez es aquel que ve al Espíritu como una mera influencia y no como una persona viva que es Dios. A veces también Cristo es considerado como inferior al Padre, incluso como si fuera un ser creado (así como el monarquianismo dinámico, el arrianismo y el unitarianismo del día actual). Otro error considera el concepto de Trinidad como simple modo de manifestación de Dios (sabelianismo, desde el año 250 de nuestra era, o el modalismo). Karl Barth fue, en su ánimo y en su propósito, un modalista, aunque a veces se negaba a aceptar esa calificación.

¿Resulta importante la enseñanza? ¿De qué manera podríamos concebir que nuestra expiación fuese cumplida, de no ser por un Dios triuno? Dios se hace humano, vive, muere y es resucitado de los muertos, lo que sería difícil de aceptar si uno es unitario. ¿No ilumina esta doctrina el concepto de la comunión? El hecho de que Dios sea Padre, Hijo y Espíritu Santo, enfatiza el hecho que es un Dios de amor y de comunión dentro de su propio ser. Y este es el Dios con quien los cristianos podemos igualmente establecer comunión y gozar de ella.

El Padre

Ya que el Hijo y el Espíritu Santo son considerados en detalle más adelante, debemos añadir una palabra aquí respecto de las relaciones particulares y de las obras del Padre.

Relaciones particulares del Padre

1. Todo el mundo procede de Dios (Hechos 17:29); por lo tanto, existe un sentimiento de que Dios es el Padre de todos los seres humanos en tanto que es Creador de ellos. Esta es sencillamente una relación de criatura-Creador, pero en ningún sentido lo es espiritualmente. Dios es el Padre de la nación de Israel (Éxodo 4:22). No fueron redimidos todos los de Israel, de manera que esta relación fue por un lado espiritual (los que creyeron) y gubernamental (con todos los de Israel, creyesen o no creyesen).

2. Dios es el Padre del Señor Jesucristo (Mateo 3:17).

3. De modo muy especial, Dios es el Padre de todos los que creen en Cristo (Gálatas 3:26).

Las obras particulares del Padre

Casi todo cuanto Dios hace requiere la participación, de un modo o de otro, de todos los miembros de la Trinidad de modo que cuando hablamos de las obras particulares del Padre no estamos excluyendo a las otras personas, sino simplemente delineando aquellas cosas que parecen ser prerrogativas exclusivamente del Padre en algún modo especial.

1. El Padre fue el autor del decreto del plan de Dios (Salmo 2:7-9).
2. El Padre viene relacionado con la obra de elección como autor de ella (Efesios 1:3-6).
3. El Padre envió al Hijo a este mundo (Juan 5:37).
4. El Padre es quien disciplina a sus hijos (Hebreos 12:9).

Ramificaciones importantes de la doctrina de Dios

Dos pensamientos finales:

1. No hay otro Dios más que el que hemos tratado de describir. Los dioses que nosotros fabriquemos, ya sean radicalmente diferentes del Dios de la Biblia o semejantes a Él, son dioses falsos. Incluso buenos cristianos pueden caer en la trampa de tratar de moldear a Dios de acuerdo a su propio pensar o a sus deseos o placeres. El resultado puede ser un dios no muy diferente al Dios de la Biblia, pero sí un dios falso y no verdadero. Nosotros conocemos a Dios no porque podamos iniciar o generar semejante conocimiento, sino porque Él se ha revelado a sí mismo. Por lo tanto, lo que conocemos no procede de nuestras mentes, sino de su propia revelación. ¡Tengamos cuidado de no fabricarnos nuestros propios dioses!
2. Si el Dios verdadero es tal como Él mismo se revela, entonces no nos será difícil creer que Él pueda realizar milagros, que nos dé una Biblia inspirada, que llegue a encarnarse, ni que pueda vencer a los reinos de este mundo. En otras palabras, si

nosotros aceptamos los hechos relativos al Dios verdadero que se nos ha revelado, entonces no será difícil creer que Él pudo y puede hacer cuanto Él dice. Por ello, el conocimiento de Dios resulta de primordial importancia cuando nos acercamos al estudio de la doctrina.

2

¿Es inspirada la Biblia?

En la introducción a este libro, indicamos que toda persona tiene una base de autoridad sobre la que piensa y actúa. Para el cristiano, esta es la Biblia, que se presenta como libro distinto a todos los demás. Vamos a comprobar dicho reclamo.

La palabra *Biblia* se deriva del griego, y significa "rollo" o "libro", a decir verdad, un rollo de papiro (Lucas 4:17; Daniel 9:2). El término *escritura* se emplea en el Nuevo Testamento para referirse a los libros sagrados del Antiguo Testamento que se consideraban inspirados (2 Timoteo 3:16) como igualmente otras partes del Nuevo Testamento (2 Pedro 3:16). La frase "palabra de Dios" se emplea en el Nuevo Testamento para ambos Testamentos, el Viejo y el Nuevo, en su forma escrita (Mateo 15:6; Juan 10:35; Romanos 3:2; Hebreos 4:12). Cada uno de estos términos se refiere al libro *por excelencia*, único registro revelado y reconocido de Dios para la humanidad.

Según algunas pruebas exhaustivas llevadas a cabo, se sabe que la Biblia es un libro único, escrito a lo largo de 1.500 años por unos 40 autores diferentes, sin que se encuentre contradicción alguna entre sus afirmaciones. Lo que dice es notable por cuanto habla con igual soltura y autoridad de lo conocido como de lo desconocido, de lo agradable y de lo desagradable, de los logros y de los errores humanos, del pasado y del futuro. Pocos libros han intentado jamás presentar semejante panorama y ninguno ha resultado tan cierto y eficaz como la Biblia.

El significado y los medios de la revelación

La palabra *revelación* significa simplemente "descubrir" y frecuentemente se define en relación con la Biblia como lo que Dios deja saber al hombre, que de otra manera desconocería totalmente. Sin embargo, esta no es una definición buena en realidad, porque hay muchas cosas en la Biblia que se conocen simplemente porque los autores fueron testigos de los acontecimientos. No obstante, hay otras muchas cosas que nosotros nunca habríamos sabido a no ser por la misma revelación divina. La palabra se usa también en 1 Corintios 2:10, en el sentido de la obra iluminadora del Espíritu, de modo que la revelación puede ser a través de medios naturales y de medios sobrenaturales; puede relacionarse con personas o con proposiciones; puede referirse a partes de la Biblia particulares ("Dios reveló el futuro a los profetas") o a toda la Biblia en conjunto, pudiéndose, además, referirse al contenido de la Biblia o a la interpretación de dicho contenido (iluminación).

Los medios de revelación han sido divididos, generalmente, en dos categorías: *revelación general y revelación especial.* La revelación general incluye todos los medios, aparte de Cristo y de la Biblia, es decir, que la revelación de Dios nos viene por medio de la naturaleza (Romanos 1:18-21), a través de su manera providencial de tratar con los seres humanos (Romanos 8:28) y mediante la conservación del universo (Colosenses 1:17) y la naturaleza moral del hombre (Génesis 1:26; Hechos 17:29). La revelación especial es la que nos viene por medio de Jesucristo (Juan 1:18) y de la Biblia (1 Juan 5:9-12). La revelación general es suficiente para advertir a la humanidad de su necesidad de Dios y para condenarle si rechaza lo que puede aprender de la naturaleza, pero solamente la fe en Jesucristo basta para salvar (Hechos 4:12). Si esto no suena bien, considerémoslo de esta manera: Supongamos que conoces a un estudiante que necesita cuatrocientos dólares para pagar sus estudios y que le das tres dólares para pagar lo que debe (y esos tres son más de lo que puedes fácilmente desembolsar). Si el estudiante te devuelve los tres, diciendo sarcásticamente que eso no le sirve para nada frente a los cuatrocientos, ¿te sentirías obligado al día siguiente a darle cien dólares si recibieras un cheque respetable por correo? Seguramente, no. Pero si él tomase los tres dólares con gratitud, tendrías mayor interés en seguir ayudándole tan pronto como pudieras. De esta manera, la revelación general de Dios, al ser rechazada, produce condenación, pero si se acepta, entonces añadirá el mensaje posterior necesario del evangelio para que el individuo sea salvo (Hechos 10:3-6).

¿QUÉ SIGNIFICA LA INSPIRACIÓN?

La revelación se refiere al material o contenido por el que se descubre a Dios, en tanto que la inspiración se refiere al registro de dicho contenido, o sea, la Biblia. Hablando estrictamente, la *inspiración* significa "llenar" o "soplar dentro", y en 2 Timoteo 3:16 la palabra traducida por inspiración quedaría mejor si se dijera "exhalación", es decir, lo soplado por Dios. En otras palabras, el versículo dice simplemente que la Escritura ha sido producida por Dios y no indica, en verdad, ningún medio que Dios haya podido utilizar para producirla.

Una definición

Mi propia definición de la inspiración de la Biblia es que representa la supervisión de Dios en los autores humanos, de tal forma que, utilizando sus propias personalidades individuales, compusieron y relataron sin error la revelación divina para la humanidad con las palabras de los autógrafos originales. Vale la pena enfatizar algunos de los rasgos de dicha definición: 1) Dios vigiló en su calidad de superior, pero no dictó el material. 2) Empleó autores humanos y sus propios estilos individuales. 3) A pesar de ello, lo producido fue, en los manuscritos originales, sin error alguno.

Conceptos de inspiración

No todos aceptan la definición anterior y sus implicaciones.

1. Algunos mantienen que los escritores de la Biblia eran hombres de gran genio intelectual, pero que sus escritos fueron inspirados no más que lo fueron los de otros genios de la historia. Esto es lo que se ha llamado la *inspiración natural* por cuanto no existe ninguna dimensión sobrenatural en ello.

2. Un paso más lo constituye la opinión que el procedimiento puede conceptuarse como *iluminación* o la *inspiración mística* que contempla a los escritores de la Biblia como creyentes llenos

del Espíritu y guiados lo mismo que cualquier otro pueda serlo en nuestros días. Lógicamente, podemos concluir que cualquier cristiano lleno del Espíritu puede escribir hoy la Escritura. Semejante a esta, es la idea de que los escritores bíblicos fueron inspirados en un *grado* superior al de los otros.

3. La caricatura usual de la inspiración verbal es que es meramente un *dictado*, esto es, que los escritores se sintieron completamente pasivos y Dios sencillamente les dictó lo que tenían que dejar escrito. Desde luego, es cierto que algunas partes de la Biblia fueron dictadas, como en el caso de los diez mandamientos y el resto de la ley, pero la definición propuesta anteriormente incorpora la idea de que Dios concedió a los escritores diversos grados de expresión propia a medida que escribían.

4. El concepto de *inspiración parcial* considera a ciertas partes de la Biblia como inspiradas sobrenaturalmente, es decir, porciones que de otro modo hubieran sido ignoradas, como el relato de la creación, la profecía, etc.

5. Una teoría de inspiración muy popular es la de que solo los *conceptos*, pero no las mismas palabras, fueron inspirados. Esto parece conceder cierta medida de autoridad sin necesidad de que las palabras sean completamente exactas.

6. El concepto *neo-ortodoxo*, o bartiano de la Biblia, o de la inspiración, es que la Biblia es un testimonio de la palabra de Dios, aunque un bartiano no se negaría a decir que la Biblia es la Palabra de Dios. Pero esto es verdad tan solo en un segundo término (Cristo es primariamente la Palabra) y su Biblia está llena de errores porque se trata meramente del producto de unos escritores falibles. El bartiano acepta las enseñanzas del liberalismo respecto de la Biblia y luego trata de darle cierta autoridad a base de que, en su forma falible, señala a Cristo.

7. Entre muchos conservadores hoy se mantiene la opinión de que podría considerarse como el *propósito inspirado* de Dios, lo que significa simplemente que la Biblia contiene errores de hecho e insolubles discrepancias en su contenido, pero que mantiene una "integridad doctrinal", cumpliendo así perfectamente el propósito que tiene Dios para ella. Quienes mantienen semejante idea pueden emplear las frases *infalible* y *sin error*, pero

conviene señalar que ellos limitan cuidadosamente la infalibilidad de la Biblia al propósito principal o al énfasis principal de la Biblia, sin añadir que son exactos todos los hechos históricos ni los relatos paralelos. Un escritor reciente lo dijo de esta manera: "Yo confieso la infalibilidad e inerrancia de la Escritura en que cumple el propósito que Dios tiene para ella, que consiste en dar al hombre la revelación de Dios, en su amor redentor, a través de Jesucristo".[1] En otras palabras, la revelación principal de Dios —la salvación— ha sido transmitida infaliblemente por medio de los registros que, sin embargo, son bastante falibles. En contraste con los bartianos, quienes mantienen esta idea de la inspiración, mantendrían una opinión más conservadora respecto a asuntos como la paternidad literaria, las fechas de los libros de la Biblia, y, en general, considerarían la Biblia, como un todo, más fidedigna. Pero todavía sigue siendo falible y con error, y, si eso es así en asuntos históricos, ¿quién puede asegurarnos de que no sea también falible en asuntos doctrinales? Además, ¿cómo podemos separar la doctrina y la historia? Trata de hacerlo con los grandes acontecimientos de la vida de Cristo. Esas doctrinas dependen de la exactitud de los hechos históricos.

El testimonio bíblico

Solo para ilustrar cómo han cambiado los tiempos, no hace muchos años todo cuanto tenía uno que decir era afirmar su creencia en la plena inspiración de la Biblia con las palabras "creo en que es la palabra de Dios", pero luego fue necesario añadir "la inspirada palabra de Dios" y más tarde "la palabra de Dios inspirada verbalmente". Luego, para significar la misma cosa, se tenía que decir "la palabra de Dios inspirada verbal y completamente"; por ello, se hizo necesario decir: "la palabra de Dios, inspirada verbal, plenaria, e infaliblemente". En el día de hoy tenemos que decir: "la palabra de Dios, infalible, verbal y plenariamente inspirada, inerrante en los manuscritos originales". ¡Y todavía puede que no lo explique con claridad!

1. Ray Summers, "How God Said It", *Baptist Standard*, 4 febrero 1970, p. 12.

¿Qué es lo que la Biblia afirma de sí misma?

1. Dice que toda Escritura es inspirada de Dios (2 Timoteo 3:16) lo que significa que Dios, que es verdadero (Romanos 3:4), inspiró verdad.

2. ¿Corrompió el hombre dicha verdad en el proceso de transmitirla? No, porque la Biblia también testifica que los autores escribieron siendo inspirados (llevados) por el Espíritu Santo (2 Pedro 1:21). El Espíritu, pues, fue un coautor con cada uno de los escritores humanos de la Biblia. Observemos cuántos lugares hay en el Nuevo Testamento donde se nos dice de pasajes del Antiguo Testamento que fueron escritos por varios hombres aplicándolos al Espíritu Santo como autor. La única forma de justificar este fenómeno es reconocer que hay una labor literaria de doble paternidad (ver Marcos 12:36 donde el Espíritu se dice que es el autor de lo que escribió David en el Salmo 110; Hechos 1:16 y 4:24-25, donde los Salmos 41 y 2 se aplican al Espíritu Santo como autor; lo mismo en Hebreos 3:7 y 10:15-16).

3. Pero a veces el relato refleja de forma clara el estilo y la expresión de los autores humanos, lo cual es de esperar en un libro de "autoría dual" y no significa en modo alguno que al utilizar sus propios estilos los autores hayan escrito errores (ver Romanos 9:1-3 como ejemplo).

4. No hay duda que la Biblia afirma no tener error en sí misma. ¿Cómo podríamos explicar lo que dice el Señor de las palabras de la Escritura: "De cierto os digo que hasta que pasen el cielo y la tierra, ni una jota ni una tilde pasará de la ley..." (Mateo 5:18)? La jota es la letra hebrea *yod*, la más pequeña del alfabeto. La tilde es la pequeña raya que distingue a ciertas letras hebreas de otras (como una *dálet* de una *resh*).[2] En escritura normal de imprenta sería equivalente a 1.58 milímetros. En otras palabras, el Señor estaba diciendo que cada letra o cada palabra es importante, y el Antiguo Testamento sería cumplido exactamente y tal como se pronunciaba y se leía, palabra por palabra.

El Señor también insistía en la importancia del tiempo

2. La diferencia sería equivalente a la distinción entre una *n* y una *ñ* en castellano. — *(N. de R.)*.

presente en Mateo 22:32. Al objeto de reforzar la verdad de la resurrección, recordó a los saduceos que Dios es el Dios de los vivos porque se identificó a sí mismo con Moisés, al decir "*Yo soy* el Dios de Abraham, el Dios de Isaac y el Dios de Jacob", aunque ellos habían muerto centenares de años antes. Si la resurrección no hubiese sido una realidad, habría dicho "Yo era" el Dios de ellos. Cristo también basó una disputa crucial respecto de su propia deidad en la palabra *Señor* (Mateo 22:41-46) citada del Salmo 110:1. Si Él no hubiera considerado las palabras de la Escritura como inerrantes, el asunto no hubiera tenido importancia alguna. En otra ocasión se defendió de la acusación de blasfemia, centrándose en una sola palabra del Salmo 82:6 (Juan 10:34). Luego, refuerza sus argumentos, recordando a sus acusadores que la Escritura no puede ser quebrantada. También Pablo hacía hincapié en la importancia de un singular frente a un plural, al discutir con los de Galacia, según leemos en Gálatas 3:16. Tal argumento habría sido vano si no pudiéramos confiar en la diferencia entre un singular y un plural. Todos estos ejemplos nos llevan a admitir que la Biblia habla de sí misma como sin error.

5. Ningún creyente en la inerrancia niega que la Biblia usa lenguaje figurado (como "los cuatro ángulos de la tierra", Apocalipsis 7:1), pero se emplea correctamente.

6. Tampoco negamos que los autores a veces investigaron antes de poner por escrito sus relatos, como vemos en Lucas 1:1-4, pero lo que nos dejaron, así lo creemos, no tenía error porque la obra del Espíritu Santo operaba en vigilancia suprema.

7. No negamos tampoco que hay problemas en el texto que poseemos hoy, pero los problemas no son errores. En verdad, frente a lo que la Biblia establece por sí misma, al parecer, respecto de la inerrancia y de la inspiración, resultaría más razonable cuando se enfrenta uno con problemas, el depositar toda nuestra fe en la Escritura que ha demostrado ser verdadera una y otra vez, más bien que en opiniones humanas falibles. El conocimiento del mortal respecto a estos problemas es limitado y, en muchas ocasiones, se ha demostrado que está equivocado. El tiempo, indudablemente, continuará dando mayor luz a los

hechos que ayuden a resolver los problemas que aún no se han resuelto de la Biblia.

¿QUÉ LIBROS HAY EN LA BIBLIA?

El significado del canon

La cuestión ¿qué libros pertenecen a la Biblia? se denomina cuestión de canon. La palabra *canon* significa norma o vara de medir, y, refiriéndonos a la Biblia, significa la colección de libros que fueron aceptados por su autenticidad y autoridad; también significa que esos libros son nuestra norma de vida. ¿Cómo se formó la colección?

Pruebas de canonicidad

En primer lugar, es importante recordar que ciertos libros eran canónicos incluso antes de que fueran sometidos a prueba. Es algo así como decir que un estudiante es inteligente antes de que pase por su examen. Las pruebas solo manifiestan lo que, de hecho, ya está ahí. De igual forma, ni la iglesia ni los concilios pueden hacer que un libro sea canónico o auténtico. O el libro era canónico o no lo era cuando fue escrito. La iglesia o sus concilios reconocieron y verificaron ciertos libros como palabra de Dios, y con el tiempo aquellos que lo fueron resultaron reconocidos y coleccionados, dando forma a lo que hoy llamamos la Biblia.

¿Qué pruebas aplicó la iglesia?

1. Hubo la demostración de la autoridad del escritor. En relación con el Antiguo Testamento, ello significaba la autoridad del legislador, del profeta o del dirigente de Israel. En relación con el Nuevo Testamento, un libro tenía que haber sido escrito por un apóstol, o respaldado por él, para ser reconocido; en otras palabras, tenía que tener la firma o la autorización apostólica. Pedro, por ejemplo, respaldó a Marcos y Pablo a Lucas.

2. Los libros mismos debían ofrecer alguna evidencia interna de su carácter único, como inspirado y de autoridad. El contenido debía satisfacer al lector, como algo diferente a cualquier otro libro, en que comunicaba la revelación de Dios.

3. El veredicto de las iglesias en cuanto a la naturaleza canónica de los libros era importante. Hubo, en realidad, una sorprendente unanimidad entre las iglesias primitivas respecto a qué libros pertenecían al número de los inspirados. Si bien es verdad que unos cuantos libros fueron temporalmente considerados como dudosos por una minoría, ningún libro que fuese dudoso en cuanto a su autenticidad, según el consenso de un gran número de iglesias, llegó a ser luego aceptado.

La formación del canon

El canon de la Escritura se formó, desde luego, a medida que se escribían los libros y quedó completo cuando se terminó el último. Cuando hablamos de la "formación" del canon, lo que queremos decir es que la iglesia iba reconociendo los libros canónicos, lo cual requirió tiempo. Algunos dicen que todos los libros del Antiguo Testamento canónico fueron coleccionados y reconocidos por Esdras en el siglo V a. C. y las referencias de Josefo (año 95 d. C.) y de otros escritos del año 100 d. C. (2 Esdras 14), indican que el canon del Antiguo Testamento comprendía treinta y nueve libros, que son los que tenemos hoy. Las discusiones que tuvieron lugar en el centro de estudios de Jamnia (entre los años 70 y 100 d. C.) parecen reconocer la existencia de tal canon. Nuestro Señor delimitó la extensión de los libros canónicos del Antiguo Testamento cuando acusó a los escribas de ser culpables de la muerte de todos los profetas que fueron desde Abel hasta Zacarías (Lucas 11:51). El relato de la muerte de Abel se encuentra, naturalmente, en Génesis, pero el de Zacarías está en 2 Crónicas 24:20-21, que es el último libro en el orden de los libros de la Biblia hebrea (no Malaquías como aparece en nuestras Biblias). Por lo tanto, es como si el Señor hubiera dicho: "Vuestro pecado viene señalado a lo largo de la Biblia, desde el Génesis hasta Malaquías", y no incluyó a ninguno de los libros apócrifos que existían en su tiempo y que contenían las historias de otros mártires.

El primer concilio de la iglesia que hizo una lista de veintisiete libros del Nuevo Testamento fue el Concilio de Cartago, en el año 397 d. C. Libros sueltos del Nuevo Testamento ya eran considerados como Escritura canónica antes de ese tiempo (2 Pedro 3:16; 1 Timoteo 5:17) y la mayoría fueron aceptados en los años que siguieron a los apóstoles (Hebreos, Santiago, 2 Pedro, 2 y 3 Juan y Judas fueron debatidos por algún tiempo). La selección del canon fue un proceso que continuó hasta que cada libro mostró su valía para ser reconocido como realmente canónico.

Los doce libros apócrifos no fueron nunca aceptados por los judíos ni por nuestro Señor como iguales a los libros del Antiguo Testamento. Fueron respetados, pero nunca considerados como parte de la verdadera Escritura. La Septuaginta (traducción griega del Antiguo Testamento, hecha a finales del siglo III, a. C.) incluía los libros no canónicos junto a los canónicos del Antiguo Testamento, pero san Jerónimo, al traducir la Vulgata (c. 340-420 a. C.) distinguió los libros canónicos de los que no lo eran, lo que dio como resultado el concederles rango de segunda clase, y el Concilio de Trento (año 1548) los reconoció a todos como canónicos, aunque los reformadores rechazaron los apócrifos en sus escritos. En nuestras Biblias no católicas no aparecen dichos libros falsos, aunque el movimiento ecuménico actual ha llevado a las editoras de Biblias a pensar en la conveniencia de incluirlos.

¿ES DE CONFIANZA NUESTRO ACTUAL TEXTO?

Las copias originales del Antiguo Testamento fueron escritas sobre piel o pergamino, o papiro, desde el tiempo de Moisés (c. 1450 a. C.) hasta el de Malaquías (400 a. C.) y hasta el sensacional descubrimiento de los rollos del mar Muerto en 1947 no poseíamos copias del Antiguo Testamento anteriores al año 895 d. C. La causa de ello es sencillamente que los judíos, en su casi supersticiosa veneración por el texto de la Escritura, no podían destruirlo y lo enterraban cuando ya los rollos estaban demasiado viejos para ser útiles. Por su parte, los masoretas (tradicionalistas), que, entre los años 600 y 950 d. C., habían añadido acentos y vocales puntuadas, haciendo el texto hebreo uniforme, idearon ciertas complicadas salvaguardias cuando se trataba de copiar los viejos manuscritos. Comprobaban con todo cuidado cada copia, contando la letra media de las páginas, de los libros y de las secciones. Alguien ha dicho que todo cuanto pudiera contarse, se había de contar.

Cuando los rollos del mar Muerto se descubrieron, obtuvimos un texto hebreo del segundo al primer siglo antes de Cristo, exceptuando un libro, el de Ester, del Antiguo Testamento, lo cual demostró ser de capital importancia porque se podía ya comprobar con exactitud más cercana la fidelidad del texto masorético, que ahora ha demostrado ser de lo más exacto.

Otras comprobaciones del texto hebreo incluyen la traducción Septuaginta (de mediados del tercer siglo, a. C), los targums arameo (paráfrasis y citas del Antiguo Testamento), citas de los primitivos escritores cristianos, y la traducción latina de Jerónimo (400 d. C.) que hizo directamente del texto hebreo existente en aquella fecha. Todo ello nos da los argumentos para estar seguros de que poseemos un texto fiel del Antiguo Testamento.

Más de 5.000 manuscritos del Nuevo Testamento pueden encontrarse hoy, lo que hace de él el documento más comprobado de todos los escritos de la antigüedad. El contraste es de lo más sorprendente.

> Tal vez apreciemos más la riqueza del Nuevo Testamento en su apreciación escritural, si comparamos su material escrito con otras obras históricas antiguas. De *Las guerras de las Galias* de César (compuesta entre los años 58 y 50 a. C.) existen varios manuscritos, pero solamente nueve o diez son buenos, y el más antiguo es de unos 900 años después de morir César. De los 142 libros de la historia de Roma de Livio (59 a. C. a 17 d. C.) solo sobreviven 35, que han llegado hasta nuestro conocimiento por no más de 20 manuscritos de alguna importancia, solo uno de los cuales, el que contiene fragmentos de los libros tercero a sexto, arranca del siglo IV. De los 14 libros de *Las Historias* de Tácito (por el año 100 d. C.) solo cuatro y medio sobreviven; de los dieciséis libros de sus *Anales,* diez sobreviven completos y dos en parte. El texto de estas porciones que

> poseemos de sus grandes obras históricas dependen enteramente de dos manuscritos, uno del siglo IX y otro del siglo XI... *La Historia de Tucídides* (c. 460-400 a. C.) la conocemos por ocho manuscritos, el más antiguo de los cuales pertenece al año 900 d. C. y unos cuantos fragmentos de papiros pertenecientes al principio de la era cristiana. Lo mismo podemos decir de la *Historia de Herodoto* (c. 480-425 a. C.) y, sin embargo, ningún erudito pondrá en duda la autenticidad de Herodoto ni de Tucídides porque los más antiguos manuscritos de sus obras que son de alguna utilidad para el día de hoy son de hacen unos 1.300 años después de los originales.[3]

No solamente hay tantas copias hoy del Nuevo Testamento sino que muchas de ellas son muy tempranas. Los setenta y cinco fragmentos de papiro, más o menos, vienen del año 135 d. C. hasta el siglo VIII y cubren partes de veinticinco de los veintisiete libros y cerca de un cuarenta por ciento del texto. Los muchos centenares de copias de pergaminos incluyen el gran Códex Sinaíticus (del siglo IV), el Códex Vaticanus (del mismo siglo), el Códex Alexandrinus (del siglo V) y, además, hay 2.000 leccionarios, o libros para el culto de la iglesia, que contienen muchos pasajes de la Biblia. También hay más de 86.000 citas del Nuevo Testamento en los escritos de los padres de la iglesia, traducciones siríacas, egipcias, latina antigua, del siglo III y la traducción latina de Jerónimo. Todos estos datos, amén de todo el trabajo de erudición llevado a cabo con ello y que poseemos hoy día nos dan un texto fiel y de confianza del Nuevo Testamento.

Comprendiendo la Biblia

Una comprensión adecuada de la Biblia depende de dos cosas: 1) la obra iluminadora del Espíritu Santo, y 2) la obra interpretadora del lector.

---

3. F. F. Bruce, *¿Son fidedignos los documentos del Nuevo Testamento?* (Miami: Editorial Caribe, 1972), pp. 16-17.

Iluminación

Aunque la palabra *iluminación* se ha aplicado a varios aspectos de la doctrina (como la iluminación general que aportó Cristo para todos los mortales cuando vino, Juan 1:9, y la teoría de la iluminación en la inspiración), se piensa generalmente de ella como relacionada con el ministerio del Espíritu Santo que ayuda a aclarar la verdad de la revelación escrita en la Biblia. Con referencia a la Biblia, la *revelación* se refiere a su contenido o material, la *inspiración* al método de registrar ese material, y la *iluminación* al significado del relato. El ser humano no salvo no puede experimentar el ministerio de la iluminación del Espíritu ya que está ciego a la verdad de Dios (1 Corintios 2:14). Eso no significa que no pueda aprender algo de los hechos bíblicos, pero considera lo que conoce como tontería.

Por otra parte, al cristiano se le ha prometido esta iluminación del texto (Juan 16:12-15; 1 Corintios 2:9—3:2), y si tomamos juntos estos dos pasajes surgirán varios factores:

1. El más contundente es que el Espíritu Santo mismo es el Maestro, y su presencia en la vida del creyente es la garantía de la efectividad de este ministerio.

2. El contenido de esta enseñanza abarca a “toda la verdad” (el artículo definido está presente en Juan 16:13). Incluye específicamente una comprensión de la profecía (“las cosas que han de venir”).

3. El propósito de la iluminación del Espíritu Santo es glorificar a Cristo, no a sí mismo.

4. La carnalidad en el creyente puede impedir, e incluso anular, este ministerio del Espíritu (1 Corintios 3:1-2).

Interpretación

La iluminación, aunque está asegurada, no garantiza siempre una comprensión automática, pues, como se indica arriba, el creyente ha de estar en comunión con el Señor al objeto de experimentar este ministerio. Al propio tiempo debe estudiar usando los maestros que Dios ha dado a la iglesia (Romanos 12:7) y las habilidades y medios que estén a su disposición.

El principio básico de interpretación consiste simplemente

en interpretar de forma clara. La palabra *literal* hay que evitarla aquí porque crea complicaciones que hay que corregir. La sencilla y directa interpretación incluye los siguientes conceptos, al menos:

1. Interpretar significa simplemente que, primeramente, uno tiene que comprender lo que cada palabra significa en su sentido gramatical histórico.

2. La interpretación llana no excluye el uso de figuras del lenguaje porque, en verdad, una figura del lenguaje puede comunicar más claramente, siempre que lo comunicado sea simple o sencillo. En otras palabras, detrás de cada figura del lenguaje hay un significado claro y eso es lo que busca el intérprete.

3. Lee siempre con entendimiento el contexto en que un versículo o un pasaje aparezca porque así se dará más luz al significado. Desconfía, por lo mismo, del predicador que diga: "Ahora no necesitas buscar este versículo". Puede estar sacándolo de su contexto para darle otro significado. No solo es siempre seguro, sino prudente, leer lo que precede y lo que sigue.

4. Reconoce el progreso de la revelación. Recuerda que la Biblia no nos fue entregada toda ella de golpe como si se tratara de un libro completo, sino que vino de Dios a través de muchos escritores, durante un largo período de unos 1.600 años. Eso significa que en el progreso de revelar su mensaje a la humanidad Dios puede añadir, o incluso cambiar, en una era lo que hubo dado en otra. El Nuevo Testamento añade mucho de lo que no se reveló en el Antiguo, y, además, lo que Dios reveló como obligatorio en un período puede rescindirse en otro (como la prohibición de comer cerdo, que fue obligatoria para el pueblo de Dios y que se ha rescindido hoy (1 Timoteo 4:3). Esto es de gran importancia porque, de otra manera, la Biblia contendría contradicciones al parecer insolubles (como Mateo 10:5-7 comparado con 28:18-20).

5. Hay que entender que la Biblia emplea un lenguaje que técnicamente recibe el nombre de "fenomenológico", lo que significa llanamente que con frecuencia describe cosas tal y como aparecen sin precisarlas con términos científicos. El hablar de

que el sol se pone o sale (y no hace ninguna de las dos cosas) es un ejemplo de ello (Mateo 5:45; Marcos 1:32), pero esta es una manera normal y llana de comunicarse.

6. Hay que reconocer las divisiones importantes de la Biblia cuando uno quiere interpretarla y la más básica es la que la divide en Antiguo y Nuevo Testamento, pero hay también diferentes clases de escritores –históricos, poéticos, proféticos– que han de reconocerse como distintos, si hemos de interpretar correctamente. Otros hitos o señales de la Biblia que afectan a la recta interpretación son las distinciones de los grandes pactos hechos con Abraham (Génesis 12:1-3) y con David (2 Samuel 7) y el misterio de la iglesia, cuerpo de Cristo (Efesios 3:6), como igualmente la diferencia entre la ley y la gracia (Juan 1:17; Romanos 6:14).

Estas sugerencias constituyen sencillamente facetas del concepto básico de la clara interpretación, y ese es el camino por el que Dios entiende que debe ser interpretada su Biblia inspirada.

3

Jesucristo, el Señor

La singularidad del cristianismo es la persona de Jesucristo y lo que distingue a Cristo es la realidad de que es el Dios-hombre. En otras palabras, es un ser divino-humano, algo único en el tiempo y en la eternidad. Es, al mismo tiempo, un concepto difícil de entender porque no tenemos otro Dios-hombre en la historia con qué compararlo, ni tampoco encontramos ayuda de nuestra propia experiencia. Sin embargo, no es un dogma impuesto sobre nosotros simplemente para que lo recibamos sin cuestionar; se trata más bien de una conclusión que ha surgido de la evidencia bíblica.

Muchos hechos señalan a la conclusión que Jesús, el Cristo, es Dios, y muchos otros nos llevan a la conclusión que es verdaderamente humano. Al mismo tiempo, lo que se observa a lo largo de las páginas de los evangelios es una sola persona. La unión de la deidad sin disminuir y de la perfecta humanidad para siempre en una sola persona es lo que se llama la doctrina de la unión hipostática (o sea, la unión de dos hipóstasis o naturalezas), circunstancia que se da únicamente y de manera singularísima en Jesucristo.

La deidad de Cristo

Su preexistencia

¿Existió Cristo antes de que naciera en Belén? La contestación es sí. Aunque esto de por sí no pruebe la deidad de Cristo (porque pudo, por ejemplo, haber existido como ángel antes de su nacimiento), ciertamente resulta necesario aceptar su declaración que es la revelación de Dios, el revelador del Padre. ¿Existió antes de nacer? Los nombres que se le dan en el Antiguo Testamento indican que así es. Miqueas 5:2 habla de la eternidad del Hijo, porque la palabra traducida "desde el principio" la emplea Habacuc 1:12 para la naturaleza eterna de Dios; por tanto, lo que es Dios es el Hijo (véase Isaías 9:6). Además, Él mismo afirmó que había existido antes de nacer porque dijo: "Antes que Abraham fuese, Yo soy" (Juan 8:58), entendiéndose "antes de que Abraham naciese". La declaración de "yo soy" no solamente constituye una afirmación de su preexistencia anterior a Abraham, sino también una referencia al sagrado nombre de Dios, *Yahveh*, reafirmando así ser Dios (Éxodo 3:14-15).

Ciertas obras que se dice fueron hechas por Cristo solo pudieron llevarse a cabo si Él existía antes del tiempo (es decir, de la creación, Colosenses 1:16), y, desde luego, sus afirmaciones de ser Dios, que discutimos en el pasaje a continuación, incluyen su preexistencia.

Su deidad

En nuestros días hay muchos que niegan la deidad de Jesucristo, sabiendo que al hacerlo están minando el meollo del cristianismo porque, haciéndolo así, eliminan al Salvador divino. Esta negativa no es nueva porque ya en la iglesia primitiva hubo quienes hicieron lo mismo, como los ebionitas, los monarquistas dinámicos y los arrianos, todos los cuales negaron que el Hijo poseyera la divinidad completa. En los días de la Reforma religiosa, los socinianos siguieron su ejemplo y consideraron a Jesús como mero ser humano. Schleiermacher, Ritschl, los unitarios y los liberales han hecho lo mismo en los tiempos modernos, y hoy todos aquellos que niegan su plena deidad consideran a Jesús, bien como una gran persona (a quien hay que seguir, pero no adorar), o una buena persona (que tuvo el valor de morir por sus convicciones), o una persona más avanzada que ninguna otra de su tiempo. Junto a esas opiniones acerca de Cristo, va la negación del relato bíblico de su nacimiento milagroso, de su muerte y de su resurrección.

De modo popular, los que se oponen a la deidad de Cristo dicen que Jesús de Nazaret nunca dijo que era Dios. Fueron sus seguidores quienes lo dijeron por Él, lo cual, desde luego, era un error. Pero llanamente esto no es así por cuanto Jesús mismo dijo que lo era, según veremos. Claramente, quienes se oponen a la deidad de Cristo no consideran a la Biblia como de autoridad, sino que se sienten libres para poner en tela de juicio declaraciones de la misma y también la confianza que debe darnos. Aunque el negar la infalibilidad de la Biblia no significa siempre negar la divinidad de Jesús, el negar la divinidad de Cristo debe ir acompañado de una negativa respecto a la exactitud de la Biblia, toda vez que tenemos abundantes pruebas en la Biblia acerca de su deidad, sin necesidad de recurrir a otro lado.

1. *Sus asertos.* Jesús de Nazaret establecía su igualdad con Dios al decir que Él y el Padre eran uno (Juan 5:18; 10:30). Quienes le oyeron decir eso, entendieron la fuerza de su afirmación por cuanto le acusaron de blasfemia. Si solo hubiese dado a entender que era una especie de superhombre, no se habrían molestado en acusarle de blasfemo. Cuando Cristo se encontró frente al sumo sacerdote, contestó muy afirmativamente a la pregunta de si era el Cristo (Mateo 26:63-64) y su respuesta fue dada bajo juramento.

Tanto en Juan 5:18 como en Mateo 26:63 se emplea la frase "Hijo de Dios" que algunos dicen significa algo menos que la deidad, al objeto de evitar la inferencia de que, efectivamente, Cristo afirmaba ser Dios, pero no es así.

> El uso judío del término «hijo de...» no implicaba, generalmente, ninguna subordinación, sino más bien igualdad e identidad de naturaleza. De esta manera, a Bar Kokba, que dirigió la sublevación judía de los años 132-135 d. C., bajo el imperio de Adriano, se le llamó con un nombre que significaba «hijo de la estrella» y se supone que tomó dicho nombre para identificarse a sí mismo con la misma estrella predicha en Números 24:17. El nombre «Hijo de consolación» (Hechos 4:36) significa, indudablemente, «el Consolador», y los «Hijos del trueno» (Marcos 3:17) probablemente significaba «hombres tempestuosos». En Daniel 7:13, y frecuentemente en el Nuevo Testamento, se aplica a Cristo el título de «Hijo del Hombre» lo que

significa, esencialmente, «el humano representativo»; por tanto, el que Cristo dijera: «Soy el Hijo de Dios» (Juan 10:36), fue entendido por sus contemporáneos como identificándose Él mismo con Dios, o ser igual al Padre, en un sentido sin calificar[1].

No solamente fue Jesús quien hizo el anuncio de que era igual a Dios, sino que los escritores del Nuevo Testamento lo hicieron igualmente, según vemos en los pasajes de Juan 1:1; 20:28; Romanos 9:5; Filipenses 2:6 y Tito 2:13.

2. *Sus obras.* Además, Jesús de Nazaret hizo y dijo hacer ciertas obras que solo Dios puede hacer y, en aquella clásica confrontación con los escribas, el Señor demostró que tenía poder para perdonar pecados, mediante la curación de un paralítico. Los escribas consideraron que aquello que decía era blasfemia porque reconocieron que solamente Dios puede perdonar los pecados. El milagro de la curación lo llevó a cabo Jesús, al objeto de robustecer su poder y autoridad para perdonar pecados (Marcos 2:1-12).

En otras ocasiones dijo que *todo* el juicio lo tenía Él en sus manos (Juan 5:27), que enviaría al Espíritu Santo (Juan 15:26) y que sería quien resucitaría a los muertos (Juan 5:25). Y ya que estas son todas prerrogativas de la deidad, ellas comprobaron que tenía que ser Dios o, de otra manera, habría que hacerle mentiroso.

En otros lugares del Nuevo Testamento se le atribuyen a Cristo obras que solamente puede realizar Dios, lo que prueba nuevamente que es igual a Dios. Véase Juan 1:3 y Colosenses 1:16 para su obra de creación, y Colosenses 1:17 y Hebreos 1:3 para la obra de sustentar todas las cosas. En Hechos 17:31 comprobamos que Él es Juez de todos los seres humanos.

3. *Sus características.* Jesús de Nazaret poseía características que solo Dios tiene. Dijo ser todopoderoso (Mateo 28:18; cp. Apocalipsis 1:8); desplegó un conocimiento que solo podía

---

1. J. Oliver Buswell, *A Systematic Theology of the Christian Religion* (Grand Rapids: Zondervan, 1962), 1:105.

proceder de su propia omnisciencia (Marcos 2:8; Juan 1:48); hizo una promesa que frecuentemente citamos como su cualidad de estar presente en todo lugar (Mateo 18:20; cp. 28:20; Efesios 1:23), todo lo cual eran características muy claras de que, o bien era Dios, o un gran embaucador.

4. *Sus atribuciones.* Otros atribuyen al Señor las prerrogativas de la deidad en sustanciación con sus propias declaraciones. Fue adorado por mortales y ángeles (Mateo 14:33; Filipenses 2:10; Hebreos 1:6). Su nombre viene aparejado con el de los otros miembros de la Trinidad en una relación de igualdad (Mateo 28:19; 2 Corintios 13:14) y el escritor de los Hebreos declara que era el mismo en sustancia que el Padre ("la misma imagen de su sustancia", Hebreos 1:3). Añádase esto al concepto de Pablo en Colosenses 2:9: "Porque en él habita corporalmente toda la plenitud de la Deidad", todo lo cual manifiesta su deidad completa de modo extraordinario con la deidad del Padre y con la del Espíritu. Por otra parte, se le llama Yahveh en el Nuevo Testamento, lo que solo podía ser verdad de ser Dios en el pleno sentido de la palabra. Observemos Lucas 1:76 cp. con Malaquías 3:1 y Romanos 10:13 cp. con Joel 2:32. Si añadimos otros nombres de la deidad que se le dan (Dios, en Hebreos 1:8; Señor, en Mateo 22:43-45; Rey de reyes, y Señor de señores, en Apocalipsis 19:16), no tenemos más remedio que decidir la deidad de Cristo, de acuerdo con las atribuciones que se le otorgan por derecho propio en el Nuevo Testamento.

Recordemos que en cada uno de estos renglones de pruebas de la deidad de Jesucristo, los datos nos han llegado a través de dos fuentes: las declaraciones que el mismo Señor hizo con sus propias palabras y las afirmaciones que otros hicieron de Él en los libros del Nuevo Testamento, exceptuados los evangelios. Ambos son igualmente válidos, aunque hay algunas personas hoy que rebajan el concepto de los escritores del Nuevo Testamento y prestan más atención a las palabras de Jesucristo. Para ayudar a la gente a aceptar las pruebas de la deidad del Señor, puede ser útil mantener tal distinción en mente y presentarles primeramente las palabras de Cristo antes que la evidencia del resto del Nuevo Testamento.

LA HUMANIDAD DE CRISTO

Jesús no era solo Dios verdadero, sino hombre verdadero, con una importante excepción en nuestro concepto usual de humanidad. Cristo no tenía pecado y ningún otro ser humano ha tenido jamás dicha característica.

La encarnación

La encarnación fue el medio por el cual Jesucristo se hizo humano. La palabra significa "en carne" y el método de la encarnación fue un nacimiento virginal. Aunque haya habido debate acerca del significado de la palabra "virgen" en Isaías 7:14, no hay duda de que la cita de aquella profecía que hace el Nuevo Testamento es "virgen" (Mateo 1:23). Además, el uso de un *femenino* relativo *singular*, en Mateo 1:16 muestra que el nacimiento de Jesús se relacionaba exclusivamente con María y no con José. La Biblia dice solamente que el Espíritu Santo vino sobre María para engendrar el niño en ella (Lucas 1:35).

El Nuevo Testamento declara los propósitos siguientes para la encarnación: revelar a Dios a los hombres (Juan 1:18), ofrecer un ejemplo de vida (1 Pedro 2:21), ofrecer un sacrificio por el pecado (Hebreos 10:1-10), destruir las obras del diablo (1 Juan 3:8), permitirle a Él que sea un sumo sacerdote, misericordioso y fiel (Hebreos 5:1-2), y cumplir la promesa de un hijo que se sentase en el trono de David por siempre (Lucas 1:31-33). Cada uno de estos propósitos vale la pena estudiarlos considerablemente, pero aquí solo podemos esbozar lo importante. Como humano, Él nos da ejemplo de una vida a seguir. Solo puede morir un mortal, de modo que el Salvador tuvo que encarnarse para poder morir, y porque vivió en esta tierra como humano es por lo que puede comprendernos y compadecerse de nosotros, en calidad de nuestro sacerdote. Recordemos, sin embargo, que su humanidad siempre fue perfecta (Hebreos 4:15; 2 Corintios 5:21).

Las pruebas de su humanidad

Tuvo un cuerpo humano. Aunque su concepción era sobrenatural, poseía, en verdad, un cuerpo humano, nació como una criaturita y luego se desarrolló como todos los seres humanos

(Mateo 1:18; Gálatas 4:4; Lucas 2:52). Se refirió a sí mismo como al hombre y fue reconocido por los otros como tal (Juan 8:40; 1 Juan 1:1).

Tuvo un alma y un espíritu humanos. Es importante recordar que la humanidad de Cristo incluía cuerpo, alma y espíritu –lo material y lo inmaterial–. No se trata solo de que lo humano facilitase el cuerpo únicamente en tanto que su deidad aportase el alma y el espíritu a la persona de Cristo. La humanidad fue completa y, por lo tanto, incluía tanto lo material como lo inmaterial del hombre, aspectos que se ven en Mateo 26:38 y Lucas 23:46.

Tuvo las características de un ser humano. Jesús tuvo hambre (Mateo 4:2), tuvo también sed (Juan 19:28), se sintió cansado (Juan 4:6), experimentó el amor y la compasión (Mateo 9:36), lloró (Juan 11:35) y fue sometido a prueba (Hebreos 4:15).

Poseía nombres humanos. Se llamó a sí mismo el Hijo del Hombre, relacionándose con la obra del Salvador y Rey que venía (Lucas 19:10). Se le llamó Hijo de David (Marcos 10:47), Jesús (Mateo 1:21) y también hombre (1 Timoteo 2:5).

La unión de la deidad y la humanidad de Cristo

Cómo la deidad y la humanidad se unieron en la persona de Jesucristo ha venido siendo debate acalorado a lo largo de la historia de la iglesia. Todo cuanto se podía poner en duda de la proposición que Jesucristo era una persona con dos naturalezas, divina y humana, ha sido puesto sobre el tapete. Algunos negaron la deidad de Jesús, como los ebionitas y los arrianos; otros negaron la realidad de su humanidad, diciendo que tan solo era una aparición fantasmal de Dios, como los docetistas; y los apolinarios dijeron que la humanidad estaba incompleta y que el espíritu era el del Logos eterno. Otros declararon que fue adoptado como divino en su bautismo (los unitarios) en tanto que los Testigos de Jehová afirman que era la creación más representativa de Dios. Los bartianos sostienen que Cristo fue plenamente humano (incluyendo la naturaleza pecaminosa) y que Dios obraba por medio de aquel hombre para revelarse a sí mismo, especialmente en el momento de la cruz.

La ortodoxia siempre ha mantenido que Jesucristo era Dios verdadero y hombre verdadero y que estas dos naturalezas estaban unidas en una sola persona sin formar una tercera naturaleza (como dijera Eutiquio) ni dos personas separadas (como enseñaron los nestorianos).

LA KENOSIS DE CRISTO

El significado de Filipenses 2:1-11 ha sido grandemente debatido, en relación con la persona del Cristo encarnado. Lo que se disputa es el sentido del verbo que aparece en el versículo 7 (*kenoo*, de donde viene el nombre de esta doctrina, *kenosis*, traducido "se despojó a sí mismo", en algunas versiones, "quedó vacío"). Dicho de forma sencilla, el asunto es si Cristo, realmente, se quedó vacío, por sí mismo, de alguno o de todos los aspectos de la deidad cuando vino a la Tierra.

Que poseía los atributos de la deidad antes de venir, queda aclarado en el versículo 6 porque continuó subsistiendo en forma de Dios (que es el sentido del participio *huparchon*), es decir, que incluso durante la encarnación continuó subsistiendo en forma de Dios. La palabra "forma" significa, no accidente externo, sino atributo esencial de la deidad. No es que meramente apareciese como Dios, sino que era, realmente, Dios. "Forma de Dios" debe tener tanta realidad como la frase paralela del versículo 7 "forma de siervo". Fue, en realidad, un siervo (ser humano), como aquellos que niegan su deidad están dispuestos a admitir alegremente, pero ello implica al mismo tiempo que era también, realmente, Dios. No podemos aceptar la realidad de un extremo sin aceptar la del otro, de acuerdo con este pasaje.

¿Pero qué sentido quería dar Pablo a que Cristo se vació a sí mismo en la encarnación? "Vació" puede ser una palabra equívocamente traducida porque da la idea de que Cristo cedió o perdió algunos de sus atributos divinos durante su vida terrenal, y ese no es el caso. Por lo tanto, la kenosis no puede entenderse como sustracción de la deidad, sino como adición de su humanidad con las consiguientes limitaciones. A decir verdad, en el mismo pasaje, el verbo "vació" se explica por medio de tres participios que siguen: 1) tomando forma de siervo, 2) hecho semejante a los hombres, y 3) estando en la condición de hombre. La kenosis se explica, además, en el texto por la cláusula paralela que le sigue: "se humilló a sí mismo". La idea es que, al tomar la humanidad con sus limitaciones, se registra una humillación que, aunque real, no requiere la cesión de ninguno de sus atributos divinos.

Si nuestro Señor hubiese cedido alguno de sus atributos al venir a la Tierra, entonces su carácter esencial habría cambiado, y no habría sido plenamente Dios aquí en nuestro planeta. No se pueden eliminar los atributos sin cambiar el carácter de la persona. Frecuentemente, aquellas personas que lo hacen, arrancan los atributos *omni* (omnisciencia, omnipotencia, omnipresencia), pero ya hemos visto, en la sección sobre la deidad de Cristo, que poseía estos atributos particulares durante el período de su encarnación (Mateo 28:18; 18:20; Marcos 2:8). Es decir, que cualquier doctrina de la kenosis que diga que Cristo dejó sus atributos al encarnarse, se encuentra en conflicto directo con las evidencias bíblicas referentes a su persona durante la encarnación.

¿Qué podemos incluir en una declaración apropiada de la verdadera doctrina de la kenosis? El concepto requiere velar la gloria de Cristo pre-encarnado (Juan 17:5), la condescendencia de tomar sobre sí la semejanza de carne de pecado (Romanos 8:3) y el voluntario desuso de algunos de sus atributos de deidad durante el tiempo de su vida terrenal (Mateo 24:36). Su humanidad no fue una humanidad glorificada y, por esa razón, fue sujeta a tentaciones, debilidades, dolor y pena. El que eligiese no utilizar sus atributos divinos no es lo mismo que decir que los abandonó, y el desuso, o no utilización, no significa sustracción.

La impecabilidad de Cristo

El significado de *impecabilidad* ha sido igualmente debatido. Algunos, desde luego, no creen que Cristo fuera sin pecado, pero entre los que lo creen hay dos opiniones; quienes dicen que Él pudo no pecar y quienes afirman que no pudo pecar. En cualquiera de los casos, Él no pecó, aunque el primer punto de vista admite la posibilidad de que pudiera haber pecado, basándose en el hecho de que, si no hubiera podido pecar, no se comprende por qué habrían de ser verdaderas sus tentaciones. El que no pecó y el que fue tentado son verdades aceptadas por todos. ¿Cómo habrían sido reales sus tentaciones si Él no podía pecar?

Parte de la contestación se encuentra en descubrir lo que Hebreos 4:15 dice y qué no dice. Literalmente, el versículo dice: "...habiendo sido tentado según todo, según semejanza, separado del pecado". No dice que Cristo fue tentado con vistas a que sucumbiera en el pecado. Fue tentado con vistas a demostrar que era sin pecado. No dice que fue tentado en todas las circunstancias en que un individuo puede ser tentado, como la codicia de la carne, la de los ojos y el orgullo de la vida. Las pruebas específicas dentro de esos conceptos fueron enteramente diferentes para Él que las nuestras. La frase "según semejanza" significa, aparentemente, que pudo ser tentado porque tomó nuestra semejanza de carne pecadora. "Separado del pecado" significa que, no teniendo la naturaleza pecaminosa, no pudo haber sido probado por esa vía, como sí podemos serlo nosotros y, en efecto, lo somos.

Sus tentaciones no solo iban encaminadas a ver si podía pecar, sino a demostrar que no podía. No obstante, eran reales porque la realidad de una prueba no consiste ni en la naturaleza moral del que es tentado ni en la capacidad de ceder a ella. Y, por supuesto, su aptitud para compadecerse de nosotros no exige una correspondencia total en los particulares de las pruebas.

LA VIDA TERRENAL DE JESÚS

Los acontecimientos de su vida

La vida terrenal de Cristo es importante desde la mira doctrinal por varias razones. En primer lugar, porque mostró la validez de sus asertos y, por consiguiente, su dignidad para ser Salvador. Fue el tiempo cuando el Cordero de Dios pasó por la prueba y mostró ser un excelente sacrificio por el pecado. En segundo término, su vida terrenal suministra un ejemplo que pueda seguir su pueblo, lo que particularmente quiere decir el ejemplo de su amor sacrificial (1 Juan 2:6). En tercer lugar, fue durante su vida terrenal cuando él realizaba sus enseñanzas, algunas de las cuales se referían de modo principal a los judíos como pueblo directo, y algunas se dieron como anticipación a la formación de su iglesia.

La vida de Cristo puede dividirse en tres partes. La primera fue aquellos años de preparación, comenzando con su nacimiento en Belén, seguida de sus años de infancia, juventud y desarrollo hasta la madurez, para terminar con el bautismo y la tentación. La segunda comprende aquellos años de ministerio público, que incluían su ministerio primero en Judea (Juan 2:13—4:3), su ministerio en Galilea (Marcos 1:14—9:50) y el ministerio de Perea (Lucas 9:51—19:28). Por último, en tercer lugar, vienen los acontecimientos que conducen a su muerte y crucifixión. Todo esto ocurrió durante la llamada semana de pasión (Lucas 19:29—22:46) e incluía la traición, el arresto (Juan 18:2-13), el juicio ante Anás y Caifás (Juan 18:12-24; Marcos 14:53—15:1), el primer juicio ante Pilato (Marcos 15:1-5), el juicio ante Herodes (Lucas 23:8-12), el segundo juicio ante Pilato (Marcos 15:6-15) y la crucifixión con las varias palabras pronunciadas en la cruz. Más detalles de su vida se encuentran en cualquier buen libro sobre la vida de Jesús, y la importancia doctrinal de su muerte la estudiaremos en el capítulo 8.

Los oficios que ocupó

Durante su vida, el Señor ocupó y ejercitó los tres grandes oficios de profeta, sacerdote y rey.

El profeta era el canal por medio del cual el mensaje de Dios se transmitía al hombre. Nuestro Señor se llamó a sí mismo profeta (Mateo 13:57) y, sin duda alguna, fue el más grande de todos los profetas por cuanto, no solamente entregó el mensaje de Dios para la humanidad, sino que también reveló a Dios en su propia persona. De todas sus enseñanzas, solo se ha escrito una parte, pero el panorama y la precisión de la revelación que nos llegó por medio de Él es muy superior a cualquier otro impacto de cualquier otro profeta. Debemos estudiar tres discursos importantes y extensos como son el sermón del Monte (Mateo 5—7), el sermón del Monte de los Olivos (Mateo 24—25) y el discurso del Aposento alto (Juan 13—16).

Nuestro Señor fue sacerdote según el orden de Melquisedec, aunque realizó muchas funciones que fueron ilustradas por los sacerdotes aarónicos. Fue nombrado por Dios, plenamente calificado, ofreció un sacrificio por el pecado y representó al pueblo ante Dios (Hebreos 5:1-10). Desde luego, su ministerio sacerdotal a favor de los creyentes continúa en la actualidad, cuando intercede por nosotros y nos mantiene y sostiene (Hebreos 7:25 y Apocalipsis 2:1).

El oficio de Cristo como rey fue predicho antes de su nacimiento (Isaías 9:6-7; Lucas 1:31-33). Cuando vino cumplió los requerimientos de aquel rey prometido, a pesar de que su pueblo le rechazara y no aceptara sus palabras. El resultado de aquel rechazo no fue una anulación de las promesas del reino, sino sencillamente una demora en el cumplimiento hasta la segunda venida del rey, y, entretanto, está construyendo su iglesia. El retraso no pone en duda, de ninguna manera, la certeza del futuro cumplimiento ni altera en ningún modo el hecho de que Él sea rey en su persona por siempre.

> Tomados en conjunto, los tres oficios de Cristo, como profeta, sacerdote y rey, son la clave del propósito de la encarnación. Su oficio profético se mostraba en la revelación de la verdad de Dios; el oficio sacerdotal se relacionaba con su obra como salvador y mediador. Su oficio de rey tenía a la vista su derecho a reinar sobre Israel y sobre toda la Tierra. En Cristo se alcanza la suprema dignidad de tales oficios.[2]

LA RESURRECCIÓN Y LA ASCENSIÓN DE CRISTO

El hecho de la resurrección

El hecho de la resurrección corporal de Cristo viene comprobado de forma abrumadora en la Biblia, y lo primero de todo es que el ser humano se encuentra con una tumba vacía. Se

---

2. John F. Walvoord, *Jesus Christ our Lord* (Chicago: Moody, 1969), p. 137.

han dado muchas explicaciones acerca de por qué estaba vacía, pero todas ellas son increíbles, exceptuando la que dice que se levantó de entre los muertos. Decir que los discípulos fueron a una tumba equivocada y que la encontraron vacía es algo difícil de creer, toda vez que allí había soldados romanos y ángeles, lo que hacía fácil encontrarla. Decir que alguien robó el cuerpo era considerado aun en aquellos días como una invención (Mateo 28:11-15). Si hubiera sido robado, ¿por qué entonces no se mostró en el momento en que los discípulos comenzaron a predicar la resurrección de Cristo de entre los muertos? Aquello habría silenciado enseguida y de modo terminante la predicación de los discípulos de Jesús. El decir que lo habían robado era como pretender morir al estilo de los mártires, eso es, por algo que los discípulos sabían era mentira. Además, la situación ordenada en que se encontraron las sábanas y demás paños funerarios cuando ellos llegaron a la tumba, muestra que el cuerpo no había sido robado. Los ladrones no habrían desnudado al cuerpo, en primer lugar, pero si lo hubieran hecho, habrían dejado todas las ropas desordenadas (Juan 20:6-7). La tumba vacía es un hecho imposible de explicar, si no aceptamos el hecho seguro de la resurrección corporal de Jesús.

En segundo lugar, todas las apariciones del Señor después de la resurrección son evidencia. Todas ellas sucedían en diferentes ocasiones a diferentes personas, y en distintas circunstancias, todo lo cual demuestra que no era nada preparado ni teatral (Juan 20:11-17; Mateo 28:9-10; 1 Corintios 15:5; Lucas 24:13-35, 36-43; Juan 20:26-29; 21:1-23; 1 Corintios 15:6). El gran número de testigos de la aparición de Jesucristo después de resucitar, hace imposible que la historia pueda concebirse como inventada por unos pocos.

En tercer lugar, muchos eventos subsiguientes de la historia prueban también la resurrección. Por ejemplo, en el día de Pentecostés, Pedro declara que Jesús fue levantado de los muertos menos de dos meses antes en aquella misma ciudad en que estaba predicando y nadie le desafió ni le contradijo. La verdad es que su discurso fue aceptado por tres mil personas. El mismísimo cambio en Pedro y en otros, el crecimiento de la iglesia y el comienzo de la adoración en domingo, son todos ellos resultados de la resurrección.

La naturaleza de la resurrección

Cristo se levantó de los muertos corporalmente. La suya no fue una resurrección de "influencia" o "espíritu". La resurrección no significa sencillamente que su memoria vive, sino que resucitó físicamente, en cuerpo. Las características de su resurrección corporal fueron sentidas y vistas por sus discípulos (Lucas 24:30; Juan 20:27) y demostró ciertas funciones físicas cuando comió con ellos (Lucas 24:42-43). Su cuerpo resucitado fue identificado claramente con el mismo que fue crucificado y enterrado.

Pero también fue diferente en que no fue sujeto a limitaciones normales. Por ejemplo, después de la resurrección podía pasar a través de puertas cerradas (Juan 20:19), pero lo más importante es que no podía morir de nuevo (Romanos 6:9).

El significado de la resurrección

La resurrección demostró la validez de lo que dijera Cristo acerca de sí mismo y de la verdad de cuanto dijo. El ángel lo afirmó así en la tumba abierta (Mateo 28:6) y Pedro reiteró lo ocurrido cuando habló en el día de Pentecostés (Hechos 2:30-31).

La resurrección constituye la garantía perenne del perdón de nuestros pecados (1 Corintios 15:17). Nuestra confianza no descansa sobre mitos ni creencias personales, sino en el hecho verdadero y demostrado que nos relatan los evangelios.

La resurrección también es garantía de la certeza de la futura resurrección de todos los seres humanos: de aquellos que creen para vida eterna, y de aquellos que no creen para condenación eterna (Juan 5:28-29). El juicio futuro es también cierto porque el Juez fue levantado de los muertos (Hechos 17:31).

La resurrección tiene también su importancia en relación con la vida del creyente porque suministra poder para el servicio y relación con la cabeza levantada (Efesios 1:19-22) y asegura el cuidado y atención del sumo sacerdote (Hebreos 4:14-16).

La importancia de la ascensión

Nuestro Señor predijo también su ascensión y exaltación (Juan 6:62; 17:1) que se cumplió cuarenta días después de su resurrección (Hechos 1:9-11).

El significado de la ascensión incluye lo siguiente: 1) Marcó la terminación del período de su humillación y limitación sobre la Tierra. 2) Marcó el principio del período de su exaltación a la diestra del Padre (Efesios 1:20-23). 3) Como precursor, se constituyó en ancla de nuestra fe (Hebreos 6:20). 4) Marcó el principio de sus actuales ministerios al ser nuestro sumo sacerdote y al preparar nuestra morada futura (Hebreos 4:14-16; Juan 14:2). 5) Procuró la dirección suprema de la iglesia y su relación especial al repartir los dones a su cuerpo (Colosenses 1:18; Efesios 4:8).

El ministerio actual de Cristo

El ministerio actual de nuestro Señor viene relacionado principalmente con su pueblo en contraste con el trabajo presente del Espíritu Santo, que incluye los ministerios para los no creyentes, como son la iluminación y la regeneración. Entre los particulares del ministerio de Cristo están los siguientes:

1. El Cristo resucitado y ascendido está orando por su pueblo, lo cual tiene varios beneficios: garantiza la seguridad de su salvación (Hebreos 7:25), asegura la comunión continua de la familia de Dios (1 Juan 2:1) y es un poderoso preventivo contra el pecado en sus vidas (Juan 17:15).

2. El Señor está preparando un lugar para nuestra habitación eterna (Juan 14:3) y está anticipando el día cuando nos va a tomar para estar con Él, mediante la preparación de nuestra llegada al cielo.

3. Cristo está ahora edificando la iglesia que es su cuerpo (Mateo 16:18).

4. La cabeza de la iglesia está ocupada en varias actividades a favor de los miembros de su cuerpo, y ya hemos notado que esa cabeza levantada reparte dones a los creyentes (Efesios 4:11). Estos son esenciales para el debido funcionamiento del cuerpo. Además, está dentro de cada miembro de ese cuerpo de Cristo

(Gálatas 2:20). Habita dentro de nosotros y ha enviado a su Espíritu a que también more en nosotros. La medida que nos sirve para este poder nos la da su propia resurrección y ascensión (Efesios 1:18-20). La resurrección garantiza que su poder puede dar victoria incluso en la derrota, y el que esté sentado a la diestra del Padre asegura que nosotros podemos sentir honor en vez de deshonor. Además, el Señor está alimentando y cuidando el cuerpo de Cristo (Efesios 5:29), cuya idea envuelve el hecho de que nuestro Señor está promoviendo con gran cuidado y preocupación el crecimiento de su pueblo (Efesios 2:20-21).

5. El Señor también está ocupado en contestar nuestras oraciones (Juan 14:14). Cuando oramos en su nombre, Él contesta y el resultado será la realización de obras incluso mayores que las que Él hizo en la Tierra (Juan 14:12). Esto significa, a grandes rasgos, que sus obras son mayores en vista panorámica (a escala mundial hoy) y mayores en calidad (por cuanto envuelven todos los beneficios espirituales que se desprenden de la venida del Espíritu).

6. Cristo da una ayuda especial en las necesidades particulares (Hebreos 4:16). Se promete la ayuda precisamente en el tiempo particular en que la necesidad surge de acuerdo con este versículo, y esto incluye la ayuda (igual palabra griega) en los tiempos de tentación (Hebreos 2:18).

7. También tiene que ver con la eficacia y el fruto que den sus seguidores (Juan 15:1-16).

Desde luego, ninguno de estos ministerios serían operativos si Cristo no viviera en el día de hoy.

El ministerio futuro de Cristo

Los futuros ministerios de nuestro Señor incluyen su venida para recoger a los suyos en el rapto de la iglesia (1 Tesalonicenses 4:13-18), el derramamiento de la ira del Cordero sobre la Tierra durante el período de la tribulación (Apocalipsis 6:16-17), la vuelta del Rey de reyes y Señor de señores para gobernar este mundo con vara de hierro (Apocalipsis 19:11-16) y su reino eterno, primero en el reino milenial y luego para siempre. Estos temas se estudiarán con más detalle en el capítulo 9.

4

El Espíritu Santo

Indudablemente, la persona menos entendida de la divinidad es el Espíritu Santo. Como prueba de ello, observa las palabras difíciles de lo anteriormente dicho: "Persona" (¿qué significa eso cuando hablamos de tres personas y de un solo Dios?), "divinidad" (¿cuál es su sentido exacto?) y "Espíritu", que parece una palabra extraña para ser aplicada a una persona. Sin embargo, una comprensión adecuada del Espíritu es básica para muchas doctrinas, como la inspiración de la Biblia, los varios aspectos de la salvación y muchas facetas de la vida cristiana. Empezaremos por el principio lógico de preguntarnos:

¿Es el Espíritu Santo realmente un ser personal?

Cuando usamos la palabra *persona* inevitablemente pensamos primero en los seres humanos, de manera que esperamos, muy naturalmente, que una persona sea como un ser humano, con un cuerpo y algo inmaterial que podemos llamar alma o espíritu. También hablamos de una persona muerta cuando es su cuerpo que ha muerto en realidad. En otras palabras, no hay nada que nos haga pensar de una persona que no tenga su propio cuerpo y, sin embargo, reconocemos que cuando una persona muere, el individuo no ha dejado de existir porque su alma o su espíritu están bien en el cielo o en el infierno. Muere el cuerpo y la persona continúa existiendo de modo consciente. Si se nos ha muerto un padre o una madre que eran creyentes, sabemos que están vivos en la presencia de Dios. Por lo tanto, somos capaces de pensar en una persona fuera de su propio cuerpo. De igual forma, sabemos que los ángeles existen como seres reales y, sin embargo, no tienen cuerpos humanos y se les llama espíritus. Son personalidades espirituales. Y Dios mismo es espíritu y es persona. Así que, si podemos demostrar que el Espíritu Santo tiene características similares a las de las personas, entonces podríamos afirmar y aceptar que el Espíritu es, realmente, una persona.

Sí, porque tiene las características de una persona

¿En qué constituye las características esenciales de la personalidad? Generalmente, en tres cosas: la persona ha de tener inteligencia, emociones y voluntad. Un objeto carece de ellas, pero el Espíritu Santo no es una cosa por cuanto tiene inteligencia, emociones y voluntad.

1. Se dice que el Espíritu conoce las cosas de Dios, lo cual implica, por supuesto, inteligencia (1 Corintios 2:10-11). También leemos acerca de la "intención del Espíritu" (Romanos 8:27).

2. Es posible contristar al Espíritu, como leemos en Efesios 4:30, lo que resulta difícil creer si lo concebimos como influencia o cosa,

3. Es el Espíritu que distribuye los dones espirituales como quiere (1 Corintios 12:11). La frase "como él quiere" podría traducirse "como se propone" por cuanto muestra un acto definido de su voluntad.

Por tanto, el Espíritu posee, en verdad, las características de una persona.

Sí, porque actúa como una persona

Aunque el Espíritu hace muchas cosas que son realizadas por la gente, no todas ellas son exclusivamente las actividades de las personas. Por ejemplo, el Espíritu enseña, pero lo mismo hacen las circunstancias ya que aprendemos por la experiencia, lo que, en modo alguno, significa que las experiencias sean personas. Sin embargo, hay ciertas cosas que el Espíritu hace y que *solo las personas* pueden hacer, como es el orar por nosotros (Romanos 8:26). Las cosas y las influencias no oran. También realiza milagros (Hechos 8:39), algo que las personas no pueden hacer.

Sí, porque se le designa como persona

La palabra griega para espíritu es *pneuma* (de la que se derivan palabras relacionadas con aire, como *neumático*, o *neumonía*) y es una palabra de género neutro. La gramática nos enseña de modo claro que cuando un pronombre sustituye al nombre debe llevar el mismo género del nombre, pero no siempre es este el caso cuando el pronombre sustituye al *Espíritu*. En Juan 16:13-14, pongamos por caso, el pronombre "él" ("de modo que cuando él" y "él me glorificará") es masculino. Y lo mismo ocurre en Efesios 1:14, donde la palabra traducida *que* es un pronombre masculino *quien* que se refiere a Él. Son ejemplos que, aunque parezca mala gramática, resultan en buena teología porque muestran que el Espíritu no es neutro, como cosa, sino una persona definida.

Sí, porque se relaciona con otros como persona

¿Cómo, por ejemplo, podríamos interpretar razonablemente la fórmula bautismal ("en el nombre del Padre, del Hijo y del Espíritu Santo") si se refiriese a dos personas (Padre e Hijo) y a una cosa (Espíritu Santo)? Además, el Espíritu viene relacionado con el Señor de tal manera que tenemos que aceptar que los dos son personas (Juan 16:14). Una vez se relaciona de tal forma con seres humanos sería poco natural, o nada, llegar a pensar que es cualquier cosa menos una persona propiamente dicha (Hechos 15:28).

Los que han dicho que no es persona

Un concepto modalista de la Trinidad ha sido la razón principal para negar, ya sea la personalidad, ya sea la deidad del Espíritu, en sus varias formas, a lo largo de los siglos. El sabelianismo (215 d. C.) enseñaba que Dios es una unidad y que se revelaba en tres modos o formas. Dios jugaba tres papeles. Este error negaba la personalidad distinta del Espíritu. El socinianismo (1539-1604) definió el Espíritu como "virtud o energía que fluía de Dios al hombre". Gran parte de la teología liberal de hoy está de acuerdo con ello, y aunque se menciona al Espíritu con frecuencia, no es persona, sino solo un poder o una influencia. El bartianismo ha sido frecuentemente acusado de modalismo, y, aunque algunos lo niegan, no obstante resulta una descripción adecuada de la opinión bartiana actual respecto a la Trinidad.

¿Es completamente Dios el Espíritu Santo?

La prueba de la personalidad del Espíritu no incluye, desde luego, la prueba de que es Dios. Sin embargo, resulta verdad lo contrario porque si es Dios debe ser una persona como es Dios. La negación de su deidad y de su personalidad van juntas, por lo general, aunque algunos creen que es una persona sin creer que sea también divina.

Sí, porque tiene las características que solo posee Dios

1. Se nos dice que el Espíritu conoce las cosas que son de Dios de una forma en que el ser humano no puede conocerlas, lo que implica su omnisciencia, atributo que solo Dios posee (1 Corintios 2:11-12).

2. Por otra parte, nadie puede escapar a la presencia del Espíritu Santo vaya donde vaya, y la omnipresencia, como sabemos, es atributo que solo Dios tiene (Salmo 139:7).

Sí, porque hizo cosas que solo Dios puede hacer

Algunas de las obras que solo Dios puede hacer y que el Espíritu hace (por las que, naturalmente, muestra que debe ser Dios) son: 1) regeneración (haciendo que la persona nazca de nuevo: Juan 3:5-6), 2) engendrar la humanidad de Jesucristo (Lucas 1:35) y 3) la creación del mundo (Salmo 104:30).

Sí, porque va asociado en igual plano con las otras personas de la Trinidad

Una de las pruebas más fuertes de la deidad del Espíritu es su identificación con Yahveh del Antiguo Testamento, lo que se ve en pasajes del Antiguo Testamento, donde Yahveh dice algo y luego el Nuevo Testamento lo repite, atribuyéndolo al Espíritu como quien lo dijo. Eso parecería decirnos claramente que el Espíritu, como Yahveh, es plenamente divino (Isaías 6:1-13 cp. Hechos 28:25 y Jeremías 31:31-34 con Hebreos 10:15-17).

En el Nuevo Testamento, la blasfemia y la mentira al Espíritu Santo son como si se hubiesen hecho a Dios (Mateo 12:31-32; Hechos 5:3-4). También el Espíritu viene asociado igualmente con los otros miembros de la divinidad en la fórmula bautismal (Mateo 28:19) y en la bendición de 2 Corintios 13:14. Todos estos detalles muestran que se trata de una persona verdadera.

Procesión

Los teólogos han utilizado el término *procesión* para describir la relación que existe entre el Espíritu y las otras personas de la Trinidad. No implica clase alguna de desigualdad, como si el Espíritu fuese menos en deidad que el Padre y el Hijo, pero supone expresar una subordinación de relación. El concepto se basa escrituralmente en Juan 15:26 y se formuló de forma seria en el Credo constantinopolitano del año 381. Algunos en aquel tiempo comenzaron a negar la plena deidad del Espíritu y a mantener que el Espíritu era una criatura que estaba subordinada al Hijo. El grupo de seguidores de esta idea se llamó macedonios (del nombre de su fundador, que era Macedonius) y recibieron el apodo de pneumatómacos ("diabólicos parlanchines contra el Espíritu"). Se convocó un concilio y lo que se decidió fue esto: "Y creemos en el Espíritu Santo, el Señor, dador de la vida, que procede del Padre, que debe ser glorificado con el Padre y con el Hijo, y el cual habla por medio de los profetas". Aunque la declaración no llamó Dios al Espíritu, sí que contrarrestó a los macedonios porque lo que se aplicaba al Espíritu no podía aplicarse en modo alguno a ninguna criatura. En el año 451, el Concilio de Calcedonia confirmó la decisión de Constantinopla y estableció firmemente la doctrina de la deidad del Espíritu.

Sin embargo, en el 589, el sínodo de Toledo, intentando probar más la cuestión misteriosa de la relación del Espíritu con las otras personas de la Trinidad, consideró que la declaración de Constantinopla que el Espíritu procedía del Padre podría significar una negativa de la unidad del Hijo con el Padre; por lo tanto, añadieron la famosa cláusula *filioque* (es decir, que el Espíritu procede del Padre *y del Hijo*). La iglesia Occidental continuó repitiendo la cláusula en los credos que siguieron, pero la iglesia Oriental rechazó tal afirmación basándose en que implicaba que el Espíritu no era divino plenamente, y esa rama de la iglesia continúa todavía considerándolo como herejía.

Estos debates históricos pueden parecer un poco inútiles, pero resulta provechoso repasarlos porque en el proceso nos obligamos a pensar acerca de esas materias importantes como son la deidad, la igualdad, la subordinación y la relación. Y, al hacerlo, quizá nos ayude a ser más cuidadosos cuando hablemos de estos asuntos. El estudio de la doctrina no solamente nos ayuda a comprender la verdad, sino que también nos ayuda a expresarla de la mejor manera y de la forma más clara por haber pensado en ella con mayor cuidado y atención. Considerando a los antiguos y oyendo, al mismo tiempo, sus discusiones, conseguiremos gran ayuda al enfrentarnos con estos problemas.

LA OBRA DEL ESPÍRITU SANTO EN EL ANTIGUO TESTAMENTO

Su participación en la creación

A veces en el Antiguo Testamento no vemos totalmente claro si una referencia al espíritu va vinculada al Espíritu Santo, o, por ejemplo, al aliento de la misma boca de Dios (como en el Salmo 33:6). No obstante, existen indicaciones, por referencias específicas, de que el Espíritu Santo sí tuvo su participación en la obra de la creación. Además, el hecho que Él es Dios y que Dios es inmanente (presente) en el mundo tiene que involucrarle a Él en todas las obras de Dios, incluyendo la creación.

Particularmente, la participación del Espíritu se relacionaba con dar vida a lo creado (Salmo 104:30; Job 33:4), promover el orden (Isaías 40:12-13; Job 26:13), adornar la gloria de Dios (Salmo 33:6; Job 26:13) y renovar continuamente o preservar (aspecto usualmente ligado a Cristo, aunque el Salmo 104:29-30 lo relaciona con el Espíritu).

Su participación en la revelación

En el capítulo 2 ya discutimos algunos de los asuntos relacionados con la revelación y la inspiración, de manera que solo necesitamos aquí bosquejar la obra particular del Espíritu en este campo.

El principal instrumento humano que Dios utilizó en el Antiguo Testamento para transmitir su mensaje a la humanidad fue el profeta. Pero detrás de él se movía el Espíritu Santo que le guiaba, de manera que el escritor comunicaba exactamente lo que Dios quería que supiese el ser humano. Refiriéndose a los escritores del Antiguo Testamento, Pedro dijo que "los santos hombres de Dios hablaron siendo inspirados por el Espíritu Santo" (2 Pedro 1:21). Semejante declaración general viene apoyada por muchos ejemplos específicos (2 Samuel 23:2; Miqueas 3:8). Además, el Nuevo Testamento atribuye directamente muchos versículos del Antiguo Testamento al Espíritu Santo (Mateo 22:43 y Hechos 1:16; 4:25). Referente al Nuevo Testamento, el Señor prometió que el Espíritu les recordaría a los apóstoles las cosas que Él les había enseñado (Juan 14:26), de manera que el Espíritu es el autor único que guía y guarda la revelación; los instrumentos o agentes eran seres humanos, y la fuente primera es Dios.

Su relación con el hombre

1. *Morada selectiva, aunque no necesariamente permanente.* La Biblia declara que el Espíritu estaba *en* ciertas personas del Antiguo Testamento, de manera que no puede haber duda alguna de que moraba en aquellos días (Génesis 41:38; Números 27:18; Daniel 4:8; 1 Pedro 1:11). Pero a veces se dice que el Espíritu ha venido *sobre* individuos del Antiguo Testamento (Jueces 3:10; 1 Samuel 10:9-10). ¿Hay alguna diferencia entre estar en y venir sobre? Probablemente resida en que el hecho de "venir" o "caer" sobre un individuo implique la posibilidad de que también puede marcharse (cp. Jueces 15:14 con 16:20). Cuando el Señor contrastó la relación del Espíritu del Antiguo Testamento en aquellos creyentes con los que vivían después

de Pentecostés, Él dijo que el Espíritu había morado con aquéllos y que estaría en éstos (Juan 14:17), lo que parece definitivamente indicar la diferencia entre la relación antes y después de Pentecostés, si bien la palabra *morar* muestra que el ministerio no era errático en los tiempos del Antiguo Testamento. En el día de hoy todos los creyentes tienen permanentemente el Espíritu, pero parece ser que tal universalidad y permanencia no estaban garantizadas en el Antiguo Testamento.

2. *Capacitación para servicios especiales.* El poder especial del Espíritu se daba para tareas especiales como la construcción del Tabernáculo (Éxodo 31:3) y también para otras obras grandes (Jueces 14:6; 1 Samuel 16:13).

3. *Restricción general del pecado.* Desde los primeros tiempos parece ser que la especial obra del Espíritu consistía en la restricción del pecado (Génesis 6:3) y es muy posible también que sus propios nombres y títulos tengan un efecto restrictivo en los seres humanos cuando piensan acerca de Él (Nehemías 9:20; Salmo 51:11).

LA OBRA DEL ESPÍRITU SANTO EN LA VIDA DE CRISTO

En el nacimiento virginal

Gabriel dijo a María claramente que el niño que iba a nacer de ella sería concebido del Espíritu Santo (Lucas 1:35) y la misma cosa le dijo el ángel a José (Mateo 1:20).

En su vida

Cristo fue ungido por el Espíritu Santo de alguna forma especial con ocasión de su bautismo (Lucas 4:18; Juan 1:32). Aquello le habilitó para su servicio para Dios (Hechos 10:38). También nuestro Señor fue lleno y guiado por el Espíritu para hacer milagros (Mateo 12:28). El hecho indiscutible que Cristo dependía del poder del Espíritu, ilumina la profundidad de su condescendencia y constituye un recuerdo evidente de nuestra necesidad del poder del Espíritu para vivir nuestras vidas aquí en la Tierra. Si Él dependió, ¿cuánto más no debemos depender nosotros?

En su muerte y en su resurrección

En Hebreos 9:14 hay una referencia al Espíritu Santo (y no solo al propio espíritu de Cristo como algunos piensan) y, si es así, entonces Cristo se ofreció a sí mismo como sacrificio por medio del Espíritu Santo. Romanos 1:4 (y algunos creen que 1 Pedro 3:18) puede referirse a la obra del Espíritu en la resurrección de Jesús. Además, Él dio mandamientos a los apóstoles y, a través de ellos a nosotros, por medio del Espíritu (Hechos 1:2).

La obra del Espíritu en la salvación

Sin duda alguna, uno de los campos más importantes y más extensos de la obra del Espíritu hoy está en relación con la salvación. En realidad, su trabajo desde el principio consiste en convencer de pecado a la persona hasta su final liberación en el cielo.

La convicción (Juan 16:8-11)

> La idea de "convicción" es compleja porque requiere los conceptos del examen de autoridad, de la prueba incuestionable, del juicio decisivo, del poder punitivo. Cualquiera que sea el resultado final, el que "convence" a otro plantea la verdad del caso en una disputa, con luz clara, ante el individuo, de tal forma que debe ser vista y reconocida como verdad. Quien rechace entonces la conclusión a que llega la exposición, lo hace con los ojos abiertos y a su propio riesgo. La verdad, vista como tal, acarrea la condenación para todos aquellos que se nieguen a recibirla.[1]

Por tanto, la obra de convencimiento y de culpabilidad que el Espíritu realiza es el colocar el evangelio a plena luz ante la persona que no es salva, de modo que lo reconoce como verdad, *tanto si recibe o no a Cristo como Salvador personal.* La convicción es

1. B. F. Westcott, *The Gospel According to St. John* (Greenwood, S. C.: Attic Press, 1958), 2:219.

hacer claro el mensaje, no es la salvación del alma, que es la regeneración. En otras palabras, quien testifica acerca de la gracia salvadora de Dios ha de depender del Espíritu, incluso para hacer que ese testimonio se entienda claramente.

¿Qué verdad es que presenta con claridad? Es la verdad respecto al pecado y al juicio (Juan 16:8 y siguientes) y la prueba de que los hombres se encuentran en un estado de pecado es que "no creen en mí". La justicia de Cristo se prueba por su resurrección de entre los muertos y su ascensión al Padre. Todas sus declaraciones y afirmaciones acerca de Él fueron cumplidas cuando regresó al cielo y la prueba del juicio que va a venir se basa en el juicio pasado del Diablo. En otras palabras, si Satanás es el archienemigo de Cristo, y ha sido ya juzgado (Juan 12:31) ¿qué posibilidad tiene el mortal de escapar al juicio cuando rechaza la gracia de Dios?

El proceso de la obra del Espíritu para convencer de pecado es lógico. El individuo necesita primeramente ver su estado de pecado y luego necesita tener pruebas de la justicia del Salvador, el cual puede salvarle de dicho pecado. Finalmente, necesita que se le recuerde que si se niega a recibir al Salvador se enfrentará con juicio y condenación inevitables.

Le regeneración (Tito 3:5)

Aunque la palabra *regeneración* se emplea solo dos veces en la Biblia (Tito 3:5, donde se refiere al nuevo nacimiento y Mateo 19:28, donde se refiere al reino milenial), el concepto de nacer de nuevo se encuentra en otros pasajes, notablemente en Juan 3. Técnicamente, es el acto de Dios de engendrar vida eterna en la persona que cree en Cristo. Si bien la fe y la regeneración van asociadas íntimamente, las dos ideas son distintas porque la fe es el canal por el cual la persona responsable recibe la gracia de Dios, en tanto que la regeneración es el acto sobrenatural de impartir vida eterna. Los dos han de acontecer juntos y cualquier intento de colocar cronológicamente a uno delante del otro no puede ser más que un ejercicio académico inútil. Algunos argumentan que, ya que el ser humano está muerto en delitos y pecados, no puede creer, y Dios ha de regenerarle primeramente para que pueda creer. Pero, si eso es cierto, es decir, si hubiese sido ya regenerado y, consecuentemente, hubiese recibido la vida eterna, entonces ¿por qué iba a necesitar creer? Los dos actos han de ser simultáneos. La palabra de Dios también va íntimamente asociada a la regeneración como revelación necesaria para dar un contenido propio a la fe del creyente (1 Pedro 1:23; Santiago 1:18).

Aunque los antecedentes y las consecuencias de la regeneración requieran procesos en el tiempo, el acto de la regeneración misma es instantáneo. Uno ha nacido o no ha nacido, y tal acontecimiento trascendental ocurre en un momento de tiempo. Un individuo puede no saber con precisión el momento de su salvación, pero a los ojos de Dios se encuentra, o muerto en delitos y pecados, o nacido en la familia de Dios. La regeneración lleva consigo una nueva naturaleza (2 Corintios 5:17), lo que significa una nueva capacidad para servir a la justicia. No ha quedado erradicada la antigua naturaleza porque la capacidad de servir al "yo" continúa hasta la muerte. La regeneración no hace que el individuo sea perfecto, sino que le sitúa dentro de la familia de Dios y le da una nueva aptitud para agradar al Padre, creciendo a la imagen de Cristo. El fruto de la nueva naturaleza es prueba de que ha tenido lugar la regeneración (1 Juan 2:29).

La morada interior (1 Corintios 6:19)

El rasgo característico del ministerio del Espíritu hoy es su morada en cada creyente, sin tener en cuenta su condición espiritual. La prueba más fácil de ello se encuentra en el hecho de que en el Nuevo Testamento se dice que los cristianos que pecan tienen el Espíritu. ¿No recordamos a los corintios? Si hubo alguna vez un grupo de creyentes carnales, ese fue en Corinto (1 Corintios 3:3). Un hermano estaba viviendo en gran inmoralidad (ver 5:5b) y muchos en litigios legales (capítulo 6). Todavía decía Pablo, sin hacer acepciones (6:19) que el Espíritu moraba en sus cuerpos. En realidad, aquella fue la base por la cual les exhortaba a no manchar sus cuerpos. Además, en Romanos 8:9 se ve claro que la ausencia del Espíritu es una marca de la condición de las personas no salvas; por tanto, si el Espíritu tuviera que venir y salir de la vida de una persona, tendría entonces que tener, perder, volver a obtener, perder de nuevo, etc., su salvación.

¿Cómo puede saber un creyente que el Espíritu de Dios está en él? Existen dos caminos que nos aportan pruebas seguras. Uno es sencillamente creer que la Palabra de Dios, que lo dice, es verdadera. La otra es considerar nuestra propia experiencia cristiana como prueba de la presencia y trabajo del Espíritu en la vida de uno. No obstante, la experiencia no puede ser siempre convincente ya que el pecado puede enturbiar su obra y en el proceso normal del desarrollo cristiano el crecimiento de uno puede ser lento, aunque firme, sin ninguna demostración extraordinaria del poder de Dios. Esta clase de progreso no espectacular jamás debe diagnosticarse como indicador de la ausencia de la morada del Espíritu porque Él mora para siempre en el creyente a lo largo de su vida (Juan 14:16-17).

El bautismo (1 Corintios 12:13)

Para muchos la palabra *bautismo* evoca visiones de agua o despliegue espectacular de poder. Ninguna de las dos cosas resulta correcta cuando hablamos del bautismo del Espíritu. Esto es algo enteramente diferente de la ordenanza del bautismo del agua y es algo que en primer lugar da al cristiano una posición, y luego, en segundo término, un poder. Además, la gente confunde el bautismo con el ser lleno del Espíritu, pero estos son ministerios separados y distintos del Espíritu. Las siguientes son algunas de las características del bautismo del Espíritu Santo:

1. Es para todos los creyentes sin excepción. Repetimos que fue a aquella iglesia carnal que Pablo dijo que todos estaban bautizados (1 Corintios 12:13) y observemos, además, que no les exhortó a que se bautizaran como medio de escapar a su carnalidad.

2. Ocurrió por primera vez en el día de Pentecostés (porque todavía era futuro cuando el Señor habló de ello en Hechos 1:5 y Pedro se refirió a ello como habiendo sucedido primeramente

en Pentecostés en Hechos 11:15-16). Por lo tanto, es algo exclusivo a la dispensación en que vivimos.

3. Aparentemente, cada creyente es bautizado una sola vez (el tiempo del verbo en 1 Corintios 12:13 indica una experiencia que no se repite).

4. Une a los creyentes al cuerpo de Cristo y establece una relación de que fluyen toda clase de poderes y de experiencias (Romanos 6:1-10). Sin embargo, la ausencia de experiencias inusuales no indica que la persona no esté bautizada (¡de otro modo podríamos ser creyentes y no estar en el cuerpo de Cristo!). Los corintios carnales habían sido bautizados. Los gálatas bautizados se estaban apartando del evangelio verdadero (Gálatas 1:6; 3:27). Muchos de los que fueron bautizados no hablaron en lenguas (1 Corintios 12:13, 30). Para experimentar plenamente la nueva situación en que el bautismo nos coloca se requiere, al mismo tiempo, haber sido llenos del Espíritu, pero el bautismo es básico para todo crecimiento y experiencia.

El sellado (Efesios 4:30)

Una de las más grandes certezas respecto a la seguridad eterna del creyente es el hecho de que el Padre ha sellado a cada creyente con el Espíritu Santo (2 Corintios 1:22; Efesios 1:13; 4:30). Todos están sellados, incluso los carnales de Corinto y eso sucede cuando creemos (Efesios 1:13 dice claramente: "...habiendo creído en él fuisteis sellados con el Espíritu Santo de la promesa").

El concepto de sellar incluye las ideas de propiedad, autoridad y seguridad, y ya que Dios nos ha sellado, somos posesión de Él, seguros (a menos de que hubiese alguien con más poder que Dios mismo) hasta el día de la redención. Una de las mejores ilustraciones consiste en imaginar el correo certificado. Cuando vamos a certificar algo a correos, se sella hasta que sea entregado y solo dos personas pueden abrirlo, el que lo envía y el que lo recibe. En nuestro caso, Dios es tanto el que envía como el que recibe, de suerte que solamente Dios puede abrir el sello, o romperlo, y Él ha prometido entregarnos salvos en el cielo. Esa es la seguridad eterna de forma clara, pero observemos el contexto de Efesios 4:30. El sellado es base de la exhortación a que no entristezcamos al Espíritu, cometiendo pecados, especialmente con la lengua. Una comprensión adecuada de la seguridad nunca engendra el libertinaje.

LA OBRA DEL ESPÍRITU SANTO EN LA VIDA DEL CRISTIANO

El Espíritu distribuye dones

La fuente de los dones espirituales. Los dones espirituales son repartidos por la soberanía del Espíritu Santo ("como quiere", según leemos en 1 Corintios 12:11, y de modo específico en 1 Corintios 12:8-10).

El significado de los dones espirituales. Un don espiritual es la habilidad que Dios da para un servicio determinado. Si tenemos en cuenta que un don es, principalmente, una capacidad o habilidad para el servicio, nos evitaremos mucha de la confusión que existe en la mente de las personas acerca de los dones. Muchos piensan que un don espiritual es un oficio en la iglesia que solo unos cuantos privilegiados pueden ocupar. El don de pastor, por ejemplo, generalmente va asociado con el oficio o posición de la persona que ejerce el pastorado. En realidad, el don es la capacidad de cuidar a las personas como un pastor a sus ovejas, sin tener en cuenta el lugar en donde se hace. Tampoco es un don el lugar geográfico particular o estructurado para el ministerio. El enseñar, por ejemplo, puede hacerse en cualquier lugar del mundo y tanto fuera como dentro de un determinado lugar de clase. Consiste en la capacidad de comunicar la verdad de Dios. Tampoco es un don la habilidad que se tenga para ministrar o para realizar un trabajo con una edad determinada de personas, pongamos por caso un grupo de jóvenes. No hay dones para el trabajo entre los jóvenes ni para escribir. Todo eso son técnicas o procedimientos por los cuales se ejercen los dones espirituales, pero el don es la habilidad que Dios da.

La distribución de los dones espirituales. Ya hemos observado que los dones espirituales son dados por el Espíritu de acuerdo a su voluntad soberana. Al parecer, cada cristiano tiene (o, al menos, puede tener) algunos dones (1 Pedro 4:10) pero esto no significa que un solo creyente (no necesariamente alguna congregación) tenga todos los dones. Hay una limitación en el campo de la distribución de los dones.

Además, parece ser, según las Escrituras, que hay limitación respecto al hecho que algunos dones fueron específicamente para el comienzo de la iglesia. Se dice que los apóstoles y los profetas fueron dados para el fundamento, en aquella era, del cuerpo de Cristo (Efesios 2:20). La primera generación de cristianos experimentó señales y maravillas espectaculares que la segunda generación de cristianos no experimentó (Hebreos 2:3-4). Incluso el don de lenguas murió, evidentemente, antes del don de profecía (que sirvió para el período fundacional de la iglesia). El don de profecía fue retirado, según vemos en 1 Corintios 13:8.[2] No obstante, cualquier don, incluso dado una sola vez, es un don para toda la iglesia, para provecho, por cuanto todos se benefician, aunque remotamente, del hecho de ser dado.

La lista de dones. Listas de los dones repartidos se encuentran en Romanos 12:6-8, 1 Corintios 12:8-10, 28-30 y Efesios 4:11. Se incluyen el apostolado, la profecía, los milagros, las sanidades, las lenguas, el evangelismo, el pastoreo, el ministerio de ayuda, la enseñanza, la fe, la exhortación, el discernimiento de espíritus, el conocimiento, la misericordia, la dádiva y la administración. Aunque la lista es total, puede o no puede ser completa, pero, si no lo es, cualquier otro don que no especifique la Biblia tiene que ser similar en su origen y propósito de edificar al cuerpo de Cristo. Los talentos naturales han de distinguirse probablemente de los dones espirituales y son, con frecuencia, tal como la música, vehículos para el uso de los dones espirituales.

El desarrollo de los dones espirituales. Aunque el Espíritu es la fuente de los dones espirituales, el creyente puede tener

2. Ver la discusión más completa sobre esto en Charles C. Ryrie, *Equilibrio en la vida cristiana* (Grand Rapids: Editorial Portavoz, 1996), pp. 179-184.

parte en su desarrollo. Leemos en 1 Corintios 12:31: "Procurad, pues, los dones mejores", lo cual significa que nosotros tenemos parte en fomentar y en ser celosos para procurar los mejores dones. El versículo 31a corrige la inferencia que una naturaleza indolente o un juicio débil pudiera sacar de los versículos 29 y siguientes, suponiendo que la ordenación soberana de Dios impida el esfuerzo humano. Nuestro esfuerzo tiene que jugar un papel junto a la dádiva de Dios en adquisiciones espirituales; de aquí el contraste *pero*.[3] Por ejemplo, el don básico de ayudas requiere obviamente control o disciplina para su pleno desarrollo.

También podemos desarrollar nuestros dones beneficiándonos del ministerio de otros (ver Romanos 1:11, donde Pablo no dice que podía conseguir o conceder dones para otros, sino que por su ministerio podía impartir el beneficio de sus dones espirituales). Este sería un círculo de nunca acabar: la gente dotada ministrando a otros que por ello se benefician y edifican, los cuales a su vez ministran a otros que son edificados para ministrar a otros, etc. Esta es la manera en que crece el cuerpo de Cristo cuantitativa y cualitativamente.

El descubrimiento de los dones de uno. Pero ¿cómo puede uno saber cuáles son sus dones? Tenemos tres sugerencias: primero, informarse de qué dones puede uno aprovechar porque una persona puede, por ejemplo, no saber que la misericordia es un don espiritual, y, sin embargo, es un don que todos pueden aprovechar y utilizar. No pongamos límites a Dios porque Él puede sacar a la luz y emplear muchos dones en nuestra vida antes de que se acabe. En segundo lugar, hay que estar dispuesto a hacer cualquier cosa por el Señor. Muchos cristianos pierden el pleno uso de sus dones simplemente porque no se aplican a un menester regular en la iglesia. En tercer lugar, hay que ser activo porque el uso de un don puede dar paso al descubrimiento de otros. Cuando vemos por primera vez a Felipe en el Nuevo Testamento le encontramos en el ministerio de

---

3. G. G. Findlay, *Expositor's Greek Testament* (Grand Rapids: Eerdmans, s.f.), 2:896.

servir a las mesas (Hechos 6:5) y porque era fiel en ello, Dios le añadió el don del evangelismo (8:5). El uso fiel de lo que tenemos producirá en nosotros amplias oportunidades y los dones que les acompañan.

El Espíritu llena

Desde la perspectiva del vivir diario y de una experiencia cristiana vital, el ser lleno del Espíritu es, indudablemente, el aspecto más importante de esta doctrina. Esta es la pura esencia de la espiritualidad verdadera y el requerimiento básico para crecer y madurar.

¿Qué es ser llenos del Espíritu? La clave para una propia definición del llenado del Espíritu aparece en Efesios 5:18: "No os embriaguéis con vino, en lo cual hay disolución; antes bien, sed llenos del Espíritu". La comparación entre la borrachera y el ser lleno de Espíritu nos facilita la clave: la idea de control. Tanto el que está borracho como el que es espiritual son personas controladas, y bajo la influencia del alcohol o del Espíritu Santo hacen cosas que no les son naturales. Si contemplamos el problema desde otro ángulo, podemos decir que en ambos casos pierden el control de sí mismos y se entregan a la influencia del alcohol o del Espíritu Santo. Esto no quiere decir que la persona llena del Espíritu sea errática o anormal, pero sí decimos que se tratará entonces de una vida controlada o gobernada, no ya por la persona, sino por el Espíritu Santo.

Observemos, además, que la frase "sed llenos" es un mandato, no una opción. Se espera, sin excepción, que los creyentes sean llenos. No es aplicable tan solo a un grupo de personas seleccionado, sino que es un requerimiento posible de la vida cristiana normal.

¿Cuántas veces necesita la persona ser llena? Esa misma palabra en Efesios 5:18, "sed llenos", contesta a la pregunta porque está en tiempo presente, indicando que el llenado es una experiencia repetida. Una buena forma de traducirlo es "continúa siendo lleno". En otras palabras, un cristiano puede ser lleno una y otra vez. Esto se ilustra con la experiencia de los apóstoles durante los primeros meses de la iglesia. En el día de

Pentecostés fueron llenos (Hechos 2:4). Poco tiempo después, tras una reunión de oración pidiendo "denuedo" o coraje (4:31) fueron llenos nuevamente, y es muy importante observar que los apóstoles no necesitaban ser llenos por segunda vez a causa de algún pecado que hubiesen cometido, sino porque necesitaban el control en otro aspecto (el coraje o valor para testificar) frente a un nuevo problema (la prohibición del sanedrín de que hablasen). En otras palabras, pueden ser necesarios repetidos llenados porque surjan nuevos campos de actividad o de necesidad que haya de controlar el Espíritu. Desde luego, también es verdad que un cristiano necesita ser lleno una y otra vez cuando el pecado (o sea, el dominio del "yo") rompe ese control y dependencia del Espíritu.

¿Cuáles son las condiciones para ser llenos? Muchos cristianos piensan que el ser llenos es consecuencia de alguna especie de espera, o de una oración desesperada, pero buscamos en vano en el Nuevo Testamento para encontrar un ejemplo de creyentes que estén orando para ser llenos del Espíritu después del día de Pentecostés. Lo que más se asemeja a ello es la oración de Pablo por los creyentes de Éfeso (1:17) y, a pesar de ello, no se trataba de una oración para ser lleno. Aunque no se precise la espera, o paro, o detención, ni la oración desesperada, sí que hay condiciones que hay que cumplir para ser llenos del Espíritu.

Primeramente, si el llenado requiere control, entonces tiene que haber una dedicación del "yo" a Dios para que Él lo use y lo controle. Por tanto, la primera condición es una vida dedicada. Esto requiere un acto inicial, tipo crisis, de consagración en el que uno entrega su vida a Dios para que Él haga su voluntad con ella. Aunque la dedicación inicial puede aparecer por causa de algún problema particular, no es una dedicación para hacer algo o para dejar de hacer algo, sino un aclarar completamente la cuestión de ¿quién va a gobernar mi vida?

Pero tiene que haber también una continua dedicación y una entrega para seguir haciendo la voluntad de Dios. Cuando surjan los asuntos, el Espíritu nos guiará a tomar las decisiones correctas (Romanos 8:14) y Él lo hace por medio de nuestra comunión con Él, lo que le permite a Él decirnos lo que hemos de hacer. Idealmente, una persona dedicada, en la encrucijada de la decisión, no se debate entre si hará o no hará la voluntad de Dios, sino que solamente pregunta cuál es la voluntad de Dios para ponerla en práctica.

En segundo término, el ser lleno del Espíritu requiere el no contristarlo (Efesios 4:30), pero ¿qué es lo que le entristece? La respuesta es el pecado, pero específicamente el pecado del lenguaje, porque en el contexto inmediato de dicho versículo se menciona varias veces la lengua y lo que dice.

En tercer lugar, la vida llena del Espíritu es una vida de dependencia (Gálatas 5:16). El caminar por su misma naturaleza es una sucesión de actos dependientes. Cuando se levanta un pie para colocarlo delante del otro, lo hacemos con la fe de que el pie que queda apoyado en la tierra resistirá todo el peso del cuerpo. Cada pie a su vez actúa como apoyo o resistencia mientras el otro se echa hacia adelante. Si no confiamos en que cada pie resistirá, entonces nos quedaremos parados, pero el progreso solo podemos hacerlo si tenemos fe y confianza. Y así pasa con la vida cristiana. Vamos progresando a medida que dependemos del Espíritu y le dejamos a Él que controle nuestro caminar.

Ser lleno del Espíritu es ser controlado por el Espíritu, lo cual significa dedicación de la vida, el dejar a un lado el pecado, y la constante dependencia del poder del Espíritu. La oración y la decisión humana pueden frecuentemente verse envueltas en estas condiciones; pero, cuando entran en funcionamiento, el control del Espíritu les sigue automáticamente. Cuando se cumplen estas condiciones es cuando se experimenta el ser lleno del Espíritu.

¿Cuáles son los resultados de ser llenos? Hay al menos cuatro resultados o características de una vida llena del Espíritu. El primero es el parecido con Cristo, pues el fruto del Espíritu (unido inseparablemente al llenado de Gálatas 5) es la semejanza con Cristo. El segundo es adoración y alabanza, pues el clásico versículo sobre ser llenos (Efesios 5:18) va seguido inmediatamente por una declaración de las consecuencias del ser lleno —cantar

y ser agradecido–. El tercero es la sumisión (Efesios 5:21) pues el control del Espíritu afecta a todas las relaciones de la vida de modo que se experimente una perfecta armonía entre marido y esposa, padres e hijos, jefes y empleados. El autocontrol de uno mismo puede fracturar dicha armonía.

El cuarto resultado del llenado es el servicio para el Señor. ¿Qué clase de servicio? La contestación definitiva es el servicio que, con el poder del Espíritu, emplea aquella combinación particular de los dones espirituales que uno tiene. Pero, más específicamente, el llenado del Espíritu Santo dará como resultado que la gente venga al Señor para su salvación personal y eso fue lo que pasó en el libro de los Hechos cuando la gente fue llena del Espíritu. Compara Hechos 2:4 con 2:41; 4:8, 31 con 5:14 y 6:3 con 6:7 y 11:24.

¿Podemos decir alguna vez que somos llenos del Espíritu? Si has estado alguna vez en una reunión donde el orador ha preguntado si alguno está lleno y le pide que levante la mano, probablemente habrás visto que hay vacilación en responder. A veces el predicador fuerza a la gente a que se entregue y luego a que se ponga de pie y declare que está llena del Espíritu. ¿Quiénes tienen razón, los que vacilan en ponerse de pie o los que sienten la agresividad de hacerlo? En cierto sentido, ambas actitudes son correctas porque, por un lado, es verdad que cuando uno se entrega al control del Espíritu, este lo toma a uno y llena su vida. Por otro lado, la vacilación se da como entendimiento de que ninguno ha llegado y siempre quedan esferas en la vida que necesitan someterse a ese control del Espíritu. Uno puede saber que está lleno y al mismo tiempo darse cuenta de que mañana necesitará ser lleno nuevamente.

El Espíritu enseña

Una de las últimas promesas que el Señor hizo antes de ser crucificado es que el Espíritu Santo enseñaría a sus discípulos las muchas cosas que ellos no podían entender porque Cristo todavía no había sido crucificado (Juan 16:12-15). El contenido del ministerio del Espíritu encierra "toda la verdad" (el artículo definido aparece en el texto griego) lo que significa que se centra en la revelación de Cristo mismo. La clara comprensión de Pedro de que Jesús era Señor y Cristo, en el día de Pentecostés, es una indicación que el Espíritu le enseñaba aquella verdad (Hechos 2:36). Desde luego, nuestra información acerca de Cristo nos viene de la Biblia, de forma que el Espíritu ha de enseñar a cada creyente el contenido de la Escritura. Esto también habrá de incluir la información pertinente a la profecía ("las cosas que han de venir").

¿Cómo enseña el Espíritu a los creyentes? Normalmente, utilizando a otros creyentes que tienen y ejercitan el don de la enseñanza. Lo puede hacer siguiendo cualquier procedimiento adecuado para llevar a cabo dicha enseñanza. En otras palabras, el Espíritu puede utilizar la comunicación oral de la verdad y también la enseñanza de una persona, por medio de lo que escribe, en cualquier época de la historia de la iglesia. La declaración de Juan en 1 Juan 2:27 no significa que los maestros humanos sean innecesarios, sino que sus lectores no tenían necesidad de que nadie les enseñara la verdad que Él acababa de declarar respecto al anticristo en aquel grupo, toda vez que el Espíritu confirmaría aquella verdad directamente.

El Espíritu guía

En Romanos 8:14 se declara que un aspecto de la obra del Espíritu consiste en guiar a los creyentes, y el libro de los Hechos ilustra ampliamente tal afirmación (8:29; 10:19-20; 13:2, 4; 16:6-7; 20:22-23). Nunca guiará al creyente de forma contraria a la Palabra de Dios, sino siempre a base de ella, por cuanto la Biblia nos dice cómo Dios va a guiarnos y cómo no va a hacerlo. El Espíritu puede entonces utilizar varios medios o ninguno, pero siempre, en última instancia, conociendo la voluntad de Dios, labora en íntima relación con el Señor de tal forma que sepamos lo que quiere indicarnos que hagamos.

El Espíritu da seguridad

El Espíritu nos asegura que somos hijos de Dios (Romanos 8:16) cuya posición nos hace herederos de Él con Jesucristo. Indudablemente, la seguridad se da al cristiano mediante una comprensión más profunda de lo que Dios hace cuando salva a una persona. Por tanto, la obra del Espíritu, al asegurarnos, incluye también el ministerio de enseñanza. Por ejemplo, la seguridad se aferra más cuando entendemos lo que significa ser sellados con el Espíritu y poseer el Espíritu como prenda de la terminación de nuestra redención. El entender lo que significa estar unidos al Cristo resucitado, al cuerpo inmortal de Jesús, también alimentará y mantendrá nuestra seguridad.

El Espíritu ora

El Espíritu tiene que ver en nuestro orar de dos formas. Primero, Él nos guía y nos dirige al orar para que llevemos a Dios aquellas peticiones que caen dentro de su voluntad (Efesios 6:19). Segundo, ora por nosotros "con gemidos indecibles" (Romanos 8:26). El hecho de esta oración está perfectamente claro, aunque las ramificaciones no lo sean. El versículo dice que el Espíritu nos ayuda, lo que significa literalmente que pone su mano en nosotros para cooperar en nuestra oración. Aparentemente, los gemidos no encuentran expresión por cuanto son indecibles, no se pronuncian, pero resultan en una oración que está de acuerdo con la voluntad de Dios.

LA OBRA DEL ESPÍRITU EN EL FUTURO

En el período de la tribulación

Aceptando el punto de vista de que la iglesia será raptada antes de que comience la tribulación, esto significa que su presencia y habitación en el templo de Dios, la iglesia, desaparecerá (porque desaparecerá el templo), pero no quiere decir que dejará de trabajar, como a veces se ha dicho. Sabemos que se salvarán multitudes durante el período de la tribulación (Apocalipsis 7:14) y seguramente el Espíritu será el agente de la regeneración de ellos. Los israelitas que pasen con éxito por el juicio después de la tribulación, reconocerán a su Redentor por medio del ministerio del Espíritu (Zacarías 12:10).

Poco se dice de modo específico respecto a su obra entre los creyentes en este período. Si sus ministerios siguen la pauta de su obra en el Antiguo Testamento, entonces habitará en y fortalecerá a su pueblo, utilizándolo para servicios especiales. Sea el que fuera el propósito de mencionar a Joel (capítulo 2) el día de Pentecostés (Hechos 2) lo que está claro es que no tuvo pleno cumplimiento en aquel día, y su último cumplimiento aguarda a los días de la tribulación, ya que el pasaje relaciona directamente el derramamiento del Espíritu con el momento en que el sol se oscurecerá y la luna se cubrirá de sangre. Estos acontecimientos ocurrirán al final de la tribulación, justamente antes de la segunda venida de Jesucristo (Mateo 24:29-30). Observemos, además, que Apocalipsis 11:3-4 vincula el ministerio de los dos testigos durante el período de la tribulación con el poder del Espíritu (Zacarías 4:6).

En el reino milenial

El nuevo pacto promete la salvación de Israel y la morada del Espíritu en sus vidas durante el reino mesiánico (Jeremías 31:31-34; Ezequiel 36:27). También durante el reino milenial será evidente la plenitud del Espíritu de Cristo el Rey (Isaías 11:2-3). Ese tiempo incluye el despliegue más completo de la presencia y del poder de Dios que la Tierra haya visto desde los días de Adán; y, aunque se diga poco del ministerio y obra del Espíritu específicamente, su ministerio se desplegará de manera grandiosa con las otras personas de la Trinidad.

5

EL MUNDO DE LOS ÁNGELES

(incluyendo a los demonios y a Satanás)

El mundo de los ángeles es aceptado y creído hoy mucho más que en la generación pasada. Las iglesias de Satanás tienen gran publicidad y periódicos serios informan, de vez en cuando, de actividades demoníacas en varios lugares. En consecuencia, la gente de nuestro mundo está más propensa a la posibilidad, al menos, de que sea real ese mundo de los espíritus.

LA DOCTRINA DE LOS ÁNGELES

¿Realmente existen los ángeles?

Nadie puede probar de forma concluyente que los ángeles no existen, toda vez que ningún ser humano puede conocer el número de posibles criaturas que existen. Lo mejor que puede uno hacer es decir que, según su modesto entender y ver, no cree que existan los ángeles. Y, no obstante, hay muchos que aceptan, aparte de lo que diga la Biblia, que parece haber un orden de criaturas por encima de los seres humanos. Desde luego, si admitimos la evidencia bíblica no hay problema en poder demostrar la existencia de los ángeles. De hecho, la evidencia es abrumadora.

La enseñanza acerca de los ángeles se presenta ampliamente difundida en toda la Biblia. No se limita a un solo libro, ni a un solo escritor ni a un período. La existencia de los ángeles aparece mencionada en treinta y cuatro libros de la Biblia, al menos, y desde los primeros, como Génesis y Job, hasta los últimos. Además, nuestro Señor habló de la existencia real de los ángeles en ocasiones cuando no habría sido necesario hacerlo.

Algunos afirman que Cristo habló de ángeles, de demonios y de Satanás, sencillamente porque estaba acomodándose a la ignorancia del pueblo de su tiempo. En otras palabras, ellos dicen que estaba hablando para la galería cuando se refería a los seres espirituales. Pero hay ocasiones en que este no pudo haber sido el motivo, de modo que la única conclusión a que podemos llegar es que Él también creía en su existencia verdadera (Mateo 18:10; 26:53).

¿Cómo son los ángeles?

Los ángeles son seres personales, es decir, que poseen inteligencia (1 Pedro 1:12), sentimientos (Lucas 2:13) y voluntad (Judas 6). Son seres espirituales (Hebreos 1:14), aunque no iguales a Dios y vienen limitados por una especie de cuerpos angélicos, aunque no tan limitados como está el humano. Al parecer, no tienen el poder de reproducirse según su especie; es decir, que no nacen nunca ángeles (Marcos 12:25), no mueren (Lucas 20:36) y siempre son designados con el género masculino en las Escrituras (Génesis 18:1-2, pero veamos Zacarías 5:9 para una posible excepción). Tienen alas con las que vuelan (Isaías 6:2) y son innumerables (Hebreos 12:22).

Una de las características más interesantes de los ángeles, sin embargo, es el hecho de que están organizados. Miguel es el único ángel designado como arcángel (Judas 9), aunque puede haber otros (Daniel 10:13 nos dice que es uno de los príncipes importantes). Bajo estos gobernantes superiores parece que hay otros funcionarios angélicos que gobiernan (Efesios 3:10) y, según Hebreos 1:14, parece que los creyentes tienen asignados un ángel guardián, como asimismo los niños (Mateo 18:10).

Parece que algunos de ellos tienen que ver con la adoración de Dios (los serafines que encontramos en Isaías 6:1-3) y otros guardan su santidad (los querubines, según Génesis 3:22-24). Hay un punto muy práctico e importante en esto: si los ángeles necesitan organizarse para cumplir con la voluntad de Dios de modo efectivo, entonces el pueblo de Dios debe de organizarse de igual forma.

¿Qué hacen los ángeles?

El ministerio de los ángeles parece realizarse en categorías bien definidas que requieren su trabajo en favor de individuos varios o de grupos.

Su ministerio para Cristo. En vida de nuestro Señor Jesucristo se registró una gran actividad angélica en forma extraordinaria. Por ejemplo, ellos predijeron su nacimiento (Lucas 1:26-33), anunciaron dicho nacimiento (Lucas 2:13), protegieron al niño recién nacido (Mateo 2:13), le fortalecieron durante sus tentaciones (Mateo 4:11), estaban preparados para defenderle de sus enemigos (aunque Cristo no les llamó, Mateo 26:53), le fortalecieron también en Getsemaní (Lucas 22:43), hicieron rodar la piedra de su tumba y anunciaron su resurrección (Mateo 28:2, 6).

Su ministerio para con los creyentes. En general, los ángeles ayudan a los creyentes (Hebreos 1:14). Específicamente, esto puede incluir el verse envueltos en contestar las oraciones (Hechos 12:7), el dar ánimo en momentos de peligro (Hechos 27:23-24) y en cuidar a los creyentes en su muerte (Lucas 16:22; Judas 9). Además, los creyentes ministran a los ángeles mostrándoles lo que significa la redención en la vida (1 Corintios 4:9; Lucas 15:10).

Su ministerio en cuanto a las naciones del mundo. Ya hemos observado que Miguel es designado como arcángel y también viene relacionado con Israel como su guardián (Daniel 12:1). También parece que otras naciones tienen asignados ángeles (Daniel 10:21) y de manera clara vemos que los ángeles tendrán como misión la ejecución de los juicios del período de la tribulación sobre las naciones del mundo en aquel tiempo (Apocalipsis 8, 9, 16).

El ministerio respecto a los incrédulos. Fue un ángel quien hirió a Herodes, produciéndole la muerte, como castigo por su arrogancia (Hechos 12:23) y, al final del tiempo, los ángeles actuarán como segadores que separarán a los justos de los injustos (Mateo 13:39).

Estas son algunas de las cosas que hacen los ángeles buenos, pero los ángeles malos también tienen que hacer en los asuntos de los seres humanos y de las naciones, y regresaremos a este tema. Desde luego, Dios no tendría que utilizar ángeles para llevar a cabo su plan, pero ha preferido hacerlo así, lo cual no significa que nosotros tengamos que adorar a los ángeles más que a las circunstancias o a los amigos que Dios haya utilizado para llevar a cabo su plan. Sin embargo, ya que los ha utilizado, nosotros debemos dar la debida consideración y gracias a Dios por los ángeles. En una antigua iglesia de Escocia se encuentran esculpidas estas palabras: "Aunque el poder de Dios sea suficiente para gobernarnos, sin embargo, por causa de las enfermedades y debilidades de los seres humanos, Dios ha nombrado ángeles para que cuiden de nosotros".

LA DOCTRINA DE SATANÁS

¿Realmente existe Satanás?

Lo mismo que el asunto de la existencia de los ángeles, el de la existencia de Satanás puede no demostrarse ante la persona que niegue la evidencia que contiene la Biblia a este respecto. Pero, si el hombre acepta la verdad de la Biblia, las pruebas son muchas. En primer lugar, viene indicado en todo el Antiguo Testamento, en especial en siete de sus libros, y referido por todos los escritores del Nuevo Testamento, y, en segundo lugar, se basa en las mismas palabras de Cristo (Mateo 13:39; Lucas 10:18; 11:18). También estas son instancias en que no hubiera tenido que mencionarlo si solo fuera acomodándose a las creencias ignorantes del pueblo.

¿Cómo es Satanás?

Satanás es una personalidad verdadera. La Biblia enseña que tiene inteligencia (2 Corintios 11:3), emociones (Apocalipsis 12:17) y voluntad (2 Timoteo 2:26). Además, aparece tratado por Dios como una persona moralmente responsable y no como una cosa (Mateo 25:41).

Satanás es una criatura, no el Creador (Ezequiel 28:14). Por lo tanto, no posee atributos que solamente Dios tiene, como la omnipresencia, la omnisciencia y la omnipotencia. En otras palabras, posee limitaciones de criatura. Con seguridad, es de un rango de criaturas superior a las humanas, pero no es Dios.

Además, precisamente porque es una criatura, el Creador puede, y a veces lo ha hecho, poner limitaciones adicionales sobre él, como en el caso de Job 1:12.

Es un ser espiritual. Perteneció al orden de los ángeles llamados querubines (Efesios 6:11-12; Ezequiel 28:14) y, al parecer, fue el más alto ángel creado (Ezequiel 28:12), debido a lo cual conserva aún gran poder, incluso en su condición de caído (ver cómo 2 Corintios 4:4 le llama "el dios de este siglo" y en Efesios 2:2 "el príncipe de la potestad del aire").

Es antagonista de Dios y de su pueblo. El mismo nombre de *Satanás* significa "adversario" (ver 1 Pedro 5:8) mientras que la palabra *diablo* significa "calumniador" (Apocalipsis 12:10). Su carácter pendenciero se ve en otras calificaciones que le da la Biblia, como el malo (1 Juan 5:19), el tentador (1 Tesalonicenses 3:5), asesino (Juan 8:44), mentiroso (Juan 8:44), pecador a ultranza (1 Juan 3:8). Al objeto de promover esta oposición, Satanás puede aparecer como serpiente engañosa y maligna (Apocalipsis 12:9) o dragón feroz (Apocalipsis 12:3) o un atractivo ángel de luz (2 Corintios 11:14). Estas aptitudes le hacen, claramente, ser más engañoso al llevar a cabo sus planes.

¿Cuál fue el pecado de Satanás?

Su pecado lo llevó a cabo estando en una situación de privilegio. No fue una criatura desaventajada que no había gustado profundamente de las bendiciones de Dios antes de pecar.

La verdad es que la declaración de Ezequiel 28:11-15 deja ver algunas cosas sorprendentes acerca de la situación de privilegio que tenía antes de pecar. Que dicho pasaje se refiere a Satanás, se ve con mayor claridad si eliminamos la idea de que es un cuento mítico de origen pagano y si tomamos el lenguaje de manera llana y fácil sin exageraciones orientales. Ezequiel "vio el trabajo y actividad de Satanás, a quien el rey de Tiro estaba emulando en tantas maneras".[1] Los privilegios de Satanás incluían: 1) una gran sabiduría (v. 12), 2) una belleza perfecta (v. 12), 3) apariencia maravillosa (v. 13) y 4) un lugar

1. C. L. Feinberg, *The Prophecy of Ezekiel* (Chicago: Moody, 1969), p. 161.

de prominencia especial como querubín ungido que cubría el trono de Dios (v. 14). El v. 15 dice todo cuanto la Biblia indica acerca del origen del pecado: "hasta que se encontró en él maldad". Queda claro que Satanás, sin embargo, no fue creado como ser malo porque el versículo declara abiertamente que fue perfecto cuando fue creado. Además, Dios no le hizo pecar, sino que él pecó por propia voluntad y asumió toda la responsabilidad del pecado; debido a sus grandes privilegios, es seguro que pecó Satanás con pleno conocimiento.

El pecado de Satanás fue el orgullo (1 Timoteo 3:6). Los detalles específicos de cómo surgió aquel orgullo nos lo da Isaías 14:13-14 y se resumen en la definición del versículo 14: "seré semejante al Altísimo".

¿Será juzgado Satanás o ha sido ya juzgado?

Satanás ha sido juzgado y será juzgado de nuevo. Al menos, hay seis juicios que Satanás ha experimentado o experimentará: 1) Fue expulsado de su posición privilegiada original en el cielo (Ezequiel 28:16). 2) En el jardín del Edén se pronunció un juicio contra él después de la tentación de Adán y Eva (Génesis 3:14-15). 3) El juicio central (porque es la base de todos los demás) tuvo lugar en la cruz (Juan 12:31). 4) Será apartado de todo acceso al cielo durante el tiempo de la tribulación (Apocalipsis 12:13). 5) Al principio del milenio será confinado en el abismo (Apocalipsis 20:2). 6) Al finalizar el milenio, será echado en el lago de fuego para toda la eternidad (Apocalipsis 20:10).

¿Qué es lo que hace Satanás?

El propósito de Satanás, como es notorio, consiste en estropear el plan de Dios en todos los aspectos posibles. Para cumplirlo promueve un sistema mundial del que es cabeza y que se alza en contra de Dios y del gobierno de Dios en el universo. Sin embargo, en vez de promover un reino cuyas características sean exactamente las opuestas a los rasgos del gobierno de Dios, trata de falsificar el programa de Dios. La falsificación, desde luego, tiene un simple propósito y es crear algo similar al original, a ser posible, y hacerlo por un atajo.

1. En relación con la redención de Cristo, Satanás trató durante la tentación de ofrecerle las recompensas de la redención sin que sufriera en la cruz (Mateo 4:1-11). (Véase Mateo 2:16; Juan 8:44; Mateo 16:23; Juan 13:27, en cuanto a otros intentos de frustrar los propósitos de Cristo.)

2. En relación con las naciones del mundo, Satanás les estuvo y les está engañando, particularmente en pensar que ellas pueden hacer lo que solamente Dios puede hacer (Apocalipsis 20:3). A finales del período de la tribulación las reunirá para la gran batalla de Armagedón (Apocalipsis 16:13-14).

3. En relación con los incrédulos, Satanás ciega sus mentes al objeto de que no acepten el evangelio (2 Corintios 4:4) y con frecuencia lo lleva a cabo haciéndoles pensar que cualquier camino al cielo es tan aceptable como otro. Si se siembra la palabra, él viene y la arranca de las personas (Lucas 8:12).

4. En relación con el creyente, Satanás puede tentarle para que mienta (Hechos 5:3), le acusará y le calumniará (Apocalipsis 12:10), estropeará su trabajo para Dios de cualquier manera (1 Tesalonicenses 2: 18), empleando a los demonios para que le derroten (Efesios 6:11-12), tentándole para cometer inmoralidades (1 Corintios 7:5), sembrando espinos entre los creyentes para engañarles (Mateo 13:38-39) y, a veces, incitándoles a persecuciones entre ellos (Apocalipsis 2: 10). Además, siempre está tratando de hacer que el cristiano siga un plan falseado, en lugar de hacer la voluntad de Dios. Esto, en la medida de lo posible, hará que lleve a cabo algo "bueno" (pero no lo mejor), y a veces hasta puede hacerle realizar cosas malas.

¿Cuál es la defensa del cristiano contra Satanás?

1. Dos veces en el Nuevo Testamento se nos dice que el Señor vive en el cielo para interceder por nosotros (Romanos 8:34; Hebreos 7:25) y eso incluye que Él pida al Padre que guarde a sus hijos del maligno (Juan 17:15).

2. El creyente debe darse cuenta, al mismo tiempo, de que en ocasiones Dios puede utilizar a Satanás para enseñar alguna lección particular. Cuando esto ocurre, entonces la defensa del cristiano consiste en aprender la lección que Dios le da y

aprenderla bien. Así ocurrió con Job y con Pablo (2 Corintios 12:7-10).

3. También es necesario mantener la actitud adecuada con respecto a Satanás porque, a pesar de que tenemos el poder de Dios con nosotros, no debemos imprudentemente pensar que la victoria se nos otorga automáticamente. No aprendas a hablar despreciativamente del poder del Diablo, sino más bien a depender del Señor para poder lograr la victoria (Judas 8-9).

4. El creyente debe estar informado y, consecuentemente, alerta contra los ataques de Satanás (1 Pedro 5:8).

5. El mantener una posición firme es necesario (Santiago 4:7) y consiguientemente el utilizar dicha posición como base de operaciones para librar la continua lucha contra nuestro enemigo.

6. Dios ha preparado una armadura para nuestra defensa (Efesios 6:11-18) y cada pieza de ella es importante, sirviendo para un propósito especial, pero debemos tomar la armadura que se nos ofrece y utilizarla para protegernos.

LA DOCTRINA DE LOS DEMONIOS

¿Quiénes son los demonios?

El origen de los demonios ha constituido materia de especulación durante siglos, no ya solo entre los cristianos, sino también entre los pensadores paganos. Los griegos dijeron que eran las almas despegadas de las personas malas y algunos escritores cristianos sugirieron que se trataba de espíritus separados del cuerpo pertenecientes a una raza anterior a Adán. Aunque no hay nada anti-escritural en cuanto a esta opinión, tampoco hay nada escritural que lo apoye por cuanto la Biblia no dice nada acerca de una raza pre-adámica. Más probablemente, los demonios son ángeles que cayeron con Satanás, a quien se da el nombre de príncipe de los demonios en Mateo 12:24. Lo que sí queda claro en la Biblia, por supuesto, es que hay dos grupos de ángeles caídos, uno que tiene libertad relativa para oponerse a Dios y a su pueblo, y otro que está encerrado (2 Pedro 2:4; Judas 6). Si bien hay considerable (y, a veces, agrio) desacuerdo sobre el porqué de este grupo en prisión, parece que se refiere a los que cometieron el pecado que explica Génesis 6:2-4. Incluso entre aquellos demonios que están relativamente sueltos, sus actividades en algunos casos se limitan a ciertos períodos de la historia (véase Apocalipsis 9:14; 16:14). Por tanto, lo que yo sugiero es que, respecto al origen de los demonios, podemos hacer el siguiente cuadro:

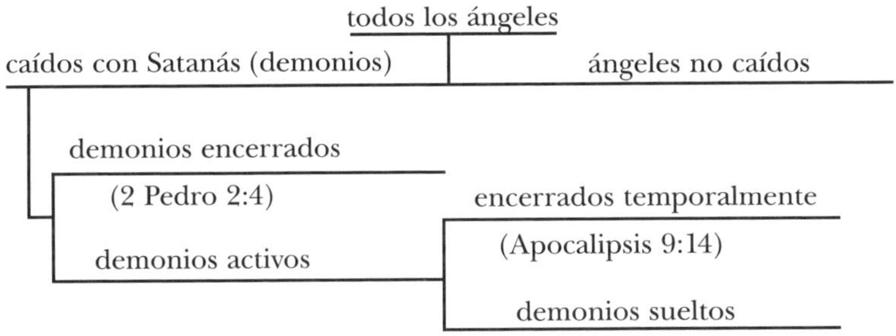

¿Cómo son los demonios?

Ya que los demonios pertenecen al mismo orden de seres que los ángeles, poseen características similares. Son seres espirituales, lo que no significa que sean omnipresentes. Lo que es verdad es precisamente todo lo contrario, que están localizados en un momento dado. Observemos que el demonio de Mateo 17:18 se llama espíritu inmundo en el relato paralelo de Marcos 9:25.

Los demonios, como los ángeles y Satanás, despliegan una gran inteligencia y la Biblia nos da indicaciones de que conocían a Jesús (Marcos 1:24), que conocían su propio destino posterior (Mateo 8:29) y que tienen y promueven un sistema bien desarrollado de sus propias doctrinas (1 Timoteo 4:1-3). Aparentemente, su decepción doctrinal recobrará una actividad creciente al final de la edad de la iglesia.

¿Qué hacen los demonios?

Generalmente, como Satanás, los demonios intentan frustrar los propósitos de Dios de cualquier forma posible (Daniel 10:10-14; Apocalipsis 16:13-16) y, al hacerlo, extienden la actividad de Satanás. Precisamente, el gran número de demonios que se hallan ocupados como emisarios de Satanás, es lo que parece hacernos considerar a Satanás como omnipresente, aunque no lo es en modo alguno.

En particular, los demonios pueden comunicar enfermedades (Mateo 9:33; Lucas 13:11, 16), pueden introducirse en los animales (Marcos 5:13) y, como dijimos anteriormente, promueven la falsa doctrina (1 Timoteo 4:1). A veces Dios emplea a los demonios para llevar a cabo su propio plan (1 Samuel 16:14; 2 Corintios 12:7) lo que nos recuerda que incluso estas criaturas se hallan bajo el control completo y constante de Dios.

Los demonios parecen también estar metidos en los asuntos de las naciones. Daniel 10:13 habla del "príncipe del reino de Persia" que parece ser un espíritu, o ser espiritual, que se resistía a que viniese un ángel a dar un mensaje a Daniel. Dicho príncipe fue, al tiempo, resistido por el arcángel Miguel, lo que significa que debió ser un demonio muy poderoso. Ya hemos visto también esta sugerencia del poder maléfico tras Babilonia y Tiro (Isaías 14; Ezequiel 28) y en el libro del Apocalipsis se da frecuentemente la idea de los seres espirituales que engañan a las naciones (Apocalipsis 16:13-14). En Isaías 24:21, Dios castiga, finalmente, al "ejército de los cielos en lo alto, y a los reyes de la tierra sobre la tierra". Lo que podemos deducir llanamente de estos pasajes es que hay, simplemente, una gran guerra cósmica que involucra a las naciones de la Tierra y algunos demonios son tan poderosos que trastocan los asuntos de las naciones. Lo que esto pueda significar en los asuntos internacionales no es fácil de discernir, pero lo que sí está claro es que significa algo muy importante incluso para el día de hoy.

¿Existe lo que se llama "ser poseído del demonio"?

La posibilidad de ser poseído por el demonio requiere una seria consideración porque, no solamente fue y ha sido aceptado como un hecho real en muchos lugares, sino que, al parecer, el Señor lo reconoció como cosa real.[2] Además, Él y sus

---

2. Ver la discusión sobre el vudú en "Haití", en *The West Indies,* Life World Library (Nueva York: Time, 1963), p. 55 ss.

discípulos distinguían entre la enfermedad física normal, que curaban mediante la imposición de manos y el ungimiento con aceite, y los casos de posesión demoníaca que se curaban ordenando a los demonios salir (Mateo 10:8; Marcos 6:13).

La única forma de definir la posesión demoníaca es mediante las características de los casos diagnosticados de manera clara en la Biblia, y esto no resulta fácil porque a veces los casos de posesión demoníaca parecían síntomas de ordinarias enfermedades, como en Mateo 9:32-33. A pesar de ello, la posesión demoníaca parece indicar que un demonio o varios demonios entran dentro de la persona y la obligan a obedecer, ya sea con la mente o con el cuerpo, o con ambas cosas.

Probablemente sea una buena idea el distinguir entre posesión demoníaca y actividad demoníaca o influencia demoníaca, aunque resulta poco más que una discusión de tipo académico. Si hay distinción, entonces en la posesión demoníaca la base de las operaciones de los demonios se encuentra en el interior de la persona poseída, en tanto que la influencia de los demonios viene desde fuera de la persona que actúa. No obstante, los síntomas o características pueden muy bien ser los mismos, ya sea que los demonios operen dentro o fuera de la persona. Sin embargo, si lo que preguntamos es si el cristiano puede ser poseído por el demonio, al parecer, la respuesta es no, sencillamente porque el hecho de que habita el Espíritu Santo dentro del cristiano evitaría que una fuerza rival, o sea el demonio, entrase a poseer al cristiano al mismo tiempo. Pero si lo que preguntamos es si el cristiano puede verse afectado seriamente por un demonio, entonces tenemos que responder que sí, y los efectos de tal actividad demoníaca pueden presentar las mismas características que la posesión demoníaca. Como ya hemos dicho, a veces la enfermedad física es el resultado de la posesión o de la actividad de los demonios (Mateo 9:32-33) y a veces el desarreglo mental se debe igualmente a los demonios (Mateo 17:15) aunque no siempre (véase Daniel 4).

Cuando una persona aparece con un problema emocional o mental, la causa puede ser simple o múltiple, generalmente lo segundo, y por esa razón resulta difícil frecuentemente desentrañar el problema. La ayuda médica puede ser todo cuanto se necesite, o puede necesitarse para colocar a la persona allí donde pueda atacarse el problema de la actividad de los demonios. Estos pueden ser expulsados, pero no es problema de fácil solución. El Señor nos recuerda que queda el problema del retorno de los demonios al lugar de donde salieron, y en este caso se presentan a la víctima acompañado de peores espíritus (Lucas 11:24-26); por otra parte, cuando un demonio es expulsado puede, indudablemente, buscar alojamiento en el cuerpo de alguna otra persona.[3]

El destino de los demonios

Algunos demonios son aprisionados temporalmente. Por ejemplo, algunos de los que estuvieron libres durante la vida de nuestro Señor Jesucristo fueron echados al abismo (Lucas 8:31) y algunos otros, que ahora están encerrados, serán soltados para hacer su obra durante la época de la tribulación venidera (Apocalipsis 9:1-11; 16:13-14). Sin embargo, con el tiempo todos los demonios serán en su día echados, con el mismo Satanás, en el lago de fuego para siempre, según vemos en Mateo 25:41.

---

3. Una consideración muy interesante se encuentra en J. Stafford Wright, *Man in the Process of Time* (Grand Rapids: Eerdmans, 1956), pp. 128-136.

6

La naturaleza del hombre

La cuestión "¿qué es el hombre?" es, sin duda alguna, la más básica de todas las cuestiones filosóficas, teológicas y prácticas. El ser humano es solo un cuerpo, dicen los materialistas. El cuerpo del ser humano no es más que una idea, dicen los idealistas. Los pragmáticos, por su parte, afirman que, en verdad, no sabemos nada ni de las entidades materiales ni de las espirituales; tan solo relaciones. Y relacionadas con estos puntos de vista se dan las contestaciones a las preguntas de mayor importancia: ¿De dónde vinimos? ¿Por qué estamos aquí? ¿A dónde vamos?

La filosofía se ha ocupado del estudio de estas preguntas y las distintas filosofías de todas las épocas han hecho varios intentos para dar contestación a ellas. La misma variedad de esquemas filosóficos y las diversas respuestas ofrecidas muestran claramente cuán inciertos están los mortales acerca de estas importantes contestaciones. Si bien la filosofía puede enseñarnos lo que los eruditos han pensado con respecto al hombre mismo, solo la Biblia puede darnos un cuadro completo y con autoridad de la naturaleza humana, con sus correspondientes respuestas correctas a tales cuestiones básicas respecto a la humanidad.

El carácter del hombre

El ser humano es un ser creado

La opinión que tenga uno acerca del hombre afectará a su pleno conocimiento y a su actitud respecto al mismo. Si, por ejemplo, el hombre es producto de la evolución, entonces la extensión de los efectos del pecado y la necesidad de un Salvador reciben poca atención, o hasta se eliminan. Si, por otro lado, el hombre fue creado por Dios, entonces el concepto lleva aparejado a sí mismo la idea de la responsabilidad. Si Dios creó al hombre, entonces hay Alguien fuera de él ante el cual este es responsable.

El ser humano no es interiormente, ni por sí mismo, dueño de su propio destino ni está plenamente a merced del destino; no es ni la autoridad final ni el único a quien deba responder en última instancia. La doctrina de la creación implica que las criaturas son responsables ante un Dios personal existente fuera del hombre.

Ya que la evolución se está enseñando hoy de manera tan abierta y en casi todos los niveles educativos, podemos adelantar unos cuantos comentarios al respecto. La teoría enseña que todas las criaturas vivientes se han desarrollado, por un procedimiento natural, desde la primera célula viviente, no teniendo una clara idea de la procedencia de tal célula viva. Ningún cristiano niega que hay cambio observable *dentro de* ciertos límites fijos (esto es la evolución en el sentido básico de cambio), pero la teoría de la evolución propone mucho más que eso, porque implica desarrollo de nuevas formas, de nuevas especies y de nuevos genes.

¿Cómo se supone que aconteció esto? Es muy importante recordar que, según el evolucionista, la única explicación de todo este acontecer se debe a mutaciones acumuladas a lo largo de grandes períodos de tiempo y a la preservación de las buenas por selección natural, al objeto de formar subespecies, especies y familias. En otras palabras, la fórmula es esta: mutaciones + selección natural + tiempo = evolución. H. Graham Cannon observa de manera irresistible: "Un hecho que ha quedado claro durante muchos años es que las mutaciones mendelianas tratan solamente con cambios en los caracteres ya existentes, y nunca con la aparición de un nuevo carácter que funcione... Ningún experimento ha producido prole que muestre enteramente nuevos órganos que funcionan. Y, sin embargo, es la aparición de nuevos caracteres en los organismos lo que marca los límites de los principales pasos en la balanza de la evolución".[1] Este es un principio básico y problema sin solución para los evolucionistas, quienes tienen que *creer* que de alguna manera estas nuevas cosas fueron evolucionadas. Por ejemplo, un famoso antropólogo escribió respecto al desarrollo de los vertebrados a partir de los invertebrados: "Todo esto es complicado, oscuro y dudoso. De alguna manera evolucionaron de los invertebrados una tribu de animales que, de una forma u otra, adquirieron espina dorsal".[2] ¡Esa sí que es fe, aunque mal colocada!

El registro de los fósiles es un registro de lo que se supone que sucedió, y si la evolución es correcta, debería mostrar una transición gradual desde lo más simple a lo más complejo, sin vacíos sistemáticos ni regulares. ¡Y la verdad es que en los billones de los fósiles conocidos se registra una sistemática ausencia de formas de transición entre todas las categorías altas de vida! "Faltan los eslabones justamente donde se necesitan con mayor urgencia y es muy probable que muchos eslabones continúen sin aparecer".[3]

Aunque hay variedad de opinión sobre algunos de los detalles referentes a lo que la Biblia dice de la creación de la raza humana, muchos de los hechos de este asunto resaltan de modo claro en el relato bíblico, siendo los siguientes algunos de ellos:

1. Al menos diecisiete veces en el capítulo primero del Génesis se dice que Dios es el Creador. Lo importante a considerar, no obstante, es ¿qué cosa es Dios? y la contestación es: el Dios que conoció el escritor del capítulo primero, es decir, el Dios de Moisés, y Moisés le conoció como el Dios personal, viviente y hacedor de milagros. Incluso si uno aceptara la hipótesis documental, el Dios de esta sección sería el Dios que el supuesto escritor o editor conoció, y ello anularía la idea de que Dios era algo impersonal. Ni Moisés ni un editor posterior

1. H. Graham Cannon, *The Evolution of Living Things* (Springfield, Illinois: Thomas, 1958), p. 92

2. Earnest A. Hooton, *Up from the Ape*, ed. rev. (Nueva York: Macmillan, 1946), p. 56.

3. Alfred S. Romer, in *Genetics, Palaentology and Evolution*, ed. Glenn L. Jepsen, *et al.* (Nueva York: Athenlum, 1963), p. 114.

habrían tenido dificultad alguna para creer en la creación especial, sabiendo por experiencia la existencia de ese Dios.

2. El relato del Génesis también nos dice algo de cómo creó Dios. El verbo usado en Génesis 1:1, 21 y 27 indica una creación grande, nueva, que hace época. En Génesis 1:1 se nos enseña la *creación ex nihilo,* ya que no existía ningún material anterior, ni se menciona ni se explica. Otros verbos del capítulo dicen que Dios "hizo", "llamó", "puso", "formó", "produjo", "tomó", "plantó", etc., y, además, el orden de la creación, "día" por "día", se indica desde el principio (1:1) hasta el fin (2:1).

3. Génesis también nos da evidencias referentes al tiempo de la creación. En 1:3 empieza una secuencia de días, acerca de los cuales hay cuatro opiniones. Primero, que hay que entenderlos como días durante los cuales Dios *reveló* la escena de la creación a Moisés. Son días "revelatorios" y no tienen nada que ver con el tiempo de la creación. Segundo, se consideran como edades (porque la palabra *día* se emplea para un largo período de tiempo en el Antiguo Testamento, como en Joel 2:31). Las edades geológicas pueden colocarse fácilmente en estos días-edades. Tercero, se consideran como días solares literales (que hoy medimos por 24 horas) con grandes vacíos de tiempo entre ellos para permitir las aparentes grandes edades de la geología. Cuarto, se trata de días solares, uno tras otro, sucesivamente, sin lapsos o vacíos entre ellos, lo cual viene apoyado por la mención de "la tarde y la mañana" de cada día, y por el hecho de que, en otros lugares del Antiguo Testamento cuando aparece un adjetivo numérico con la palabra *día,* significa un día solar. Según esta opinión, la tierra que conocemos es muy reciente, y, según las otras opiniones sobre el sentido de *día,* la creación del hombre es relativamente reciente, comparada con los otros aspectos de la creación.

La relación de Génesis 1:1 con el resto del capítulo también es asunto debatido, pues algunos lo consideran como frase tópica, y otros lo entienden como declaración de una creación original perfecta que fue arruinada luego por alguna razón, cuya condición viene descrita en el versículo 2. Se dice frecuentemente que aquella catástrofe fue originada por la caída de Satanás, pero eso no es necesario para entender el pasaje de esa manera. La causa de la ruina puede no tener explicación.

4. Indudablemente, los efectos del diluvio en el mundo que conocemos hoy formaría parte de la descripción que hiciera cualquiera en el cuadro de la creación del mundo y de su estado anterior a tal diluvio. Desde luego, si el diluvio fue solo un acontecimiento local, entonces habría producido escasa diferencia, excepto en la localidad afectada, pero si se trata de un acontecimiento universal y si las aguas cubrieron la tierra, entonces semejante acontecimiento presenta ramificaciones que hacen tambalear la imaginación. Tal diluvio sería, fácilmente, la causa de los fósiles que encontramos como consecuencia y entonces significaría que el relato geológico no incorpora grandes edades en el tiempo, sino que se cumplió en cosa de un año. Son difíciles de contestar aquellos argumentos que afirman la realidad de un diluvio universal. Observemos en Génesis 7:19-20 el gran tamaño del arca (en Génesis 6:15, realmente, el arca parecería innecesaria, si se tratara de un diluvio local) y el uso que del diluvio se hizo en 2 Pedro 3:3-7.[4]

5. El origen del mundo mediante los hechos creativos de Dios habría incluido probablemente la creación de algunas cosas con la apariencia de edad. El relato de Génesis, referente a la creación de Adán y Eva, indica que eran personas maduras al ser creadas, con el aspecto de haber pasado por el tiempo y proceso de su desarrollo normal, lo que, en realidad, no ocurrió. Algunos de los árboles del jardín del Edén estaban ya desarrollados, al parecer, con el aspecto de edad, y sabemos, por ejemplo, que el vino que el Señor creó en las bodas de Caná de Galilea (Juan 2) parecía viejo, pero en realidad, no lo era. Y lo mismo ocurre con la alimentación de los 4.000 y también de las 5.000 personas. Se trataba de una comida que hacía pocos minutos había sido creada y distribuida, aunque, al ser comida, parecía haber pasado por el proceso natural del

4. Para un estudio más completo del tema, véase John C. Whitcomb y Henry M. Morris, *El diluvio del Génesis* (Terrassa: CLIE, 1988) y John C. Whitcomb, *El mundo que pereció* (Grand Rapids: Editorial Portavoz, 1991).

tiempo de maduración. Cuántas cosas *más* hizo Dios en los aspectos y facetas de la creación, no lo sabemos, pero lo que hizo en algunos casos sí nos parece claro.

6. La creación se considera como un hecho histórico en muchos otros lugares de la Sagrada Escritura; por ejemplo, en Éxodo 20:11; 1 Crónicas 1:1; Salmo 8:3-6; Mateo 19:4-5; Marcos 10:6-7; Lucas 3:38; Romanos 5:12-21; 1 Corintios 11:9; 15:22, 45; 2 Corintios 11:3; 1 Timoteo 2:13-14 y Judas 14. El asunto es sencillamente este: que, si por cualquier razón uno pudiese eliminar la confianza o historicidad de Génesis 1—11, no podría deshacerse de la enseñanza bíblica sobre la creación (y particularmente la historicidad de Adán). Resulta muy popular decir que Génesis 1—11 es una alegoría, pero, si lo fuera, ¿cómo podrían entonces explicarse estos otros pasajes?

El hombre es un ser polifacético

Básicamente, el ser humano es material (el cuerpo) e inmaterial (el alma o espíritu) y ambos aspectos son el resultado del acto creador de Dios y de su actividad (Génesis 2:7) al hacer al hombre a su imagen y semejanza (Génesis 1:26; 5:1). Precisamente este parecido con Dios es lo que hace al ser humano importante con carácter único y, sea cual fuere la razón para la caída del mortal en pecado, aquello no pudo borrar definitivamente la imagen (observemos 1 Corintios 11:7 y Santiago 3:9, donde las exhortaciones se basan en el hecho de que el ser humano posee la imagen de Dios). ¿En qué consiste dicha imagen?

Las respuestas a tal pregunta, a lo largo de los años, han comprendido la idea de que el hombre presenta su imagen en el cuerpo físico, o en su capacidad para lo moral y para la actividad espiritual, cuya capacidad aún mantiene, o en aptitudes que ahora se han perdido totalmente. En realidad, la verdad parece descansar en una combinación de cosas: la imagen de Dios involucra el haber dado al ser humano dominio sobre la Tierra y su capacidad para la acción moral, las cuales fueron estropeadas por la entrada del pecado, de tal forma que el hombre perdió el dominio y corrompió sus aptitudes morales. No obstante, es singular entre las creaciones de Dios por el hecho de ser creado a su imagen.

Resulta bastante claro que el cuerpo del ser humano (su parte material) tiene muchas funciones. La facultad de ver no es la misma que la de oír. El sistema nervioso es distinto, separado, y, sin embargo, relacionado, tanto con la vista como con el oído, y así sucesivamente.

Es probablemente mejor considerar la parte inmaterial del ser de la misma manera. Alma, espíritu, corazón, mente, voluntad y conciencia son todos facetas de la naturaleza inmaterial del ser humano y, con frecuencia, resulta difícil el establecer distinciones muy definidas y aventuradas entre ellas. Nos parece que se trata de una excesiva simplificación el decir que la persona es cuerpo, alma y espíritu, por cuanto el alma y el espíritu no dan plena categoría a esa parte inmaterial del ser y no son siempre diferentes. Por ejemplo, se nos dice que amemos a Dios con el alma (Mateo 22:37) y que la carne batalla contra el alma (1 Pedro 2:11). El espíritu engrandece al Señor (Lucas 1:46-47) y, sin embargo, puede compartir la corrupción (2 Corintios 7:1). En algunos casos parece que el espíritu se relaciona con aspectos superiores de la naturaleza humana (y todos los seres humanos, incluyendo los no salvos, tienen espíritu, como vemos en 1 Corintios 2:11).

El "corazón" (no el órgano, por supuesto) parece ser el concepto que mayormente incluye todos los aspectos de la parte inmaterial del hombre. Se dice que es el asiento de la vida intelectual del mortal (Mateo 15:19-20), de su vida emocional (Salmo 37:4; Romanos 9:2), de su vida volitiva (Éxodo 7:23; Hebreos 4:7) y de su vida espiritual (Romanos 10:9-10; Efesios 3:17).

La conciencia es un testimonio en el interior del individuo que ha sido afectado por la caída del hombre, pero que todavía puede ser de guía, tanto para el incrédulo como para el creyente. Observemos Romanos 2:15 y 1 Timoteo 4:2, en relación con el incrédulo. Por lo que se refiere al creyente, su conciencia puede ponerle en buena relación con su gobierno (Romanos 13:5), con su jefe (1 Pedro 2:19) y con sus hermanos (1 Corintios 8:7, 10, 12).

La mente del inconverso tiene varios adjetivos no gratos en el Nuevo Testamento. Es reprobada (Romanos 1:28), vana (esto es, inadecuada, Efesios 4:17), corrompida (Tito 1:15), oscurecida (Efesios 4:18) y cegada por Satanás (2 Corintios 4:4). Y, sin embargo, cuando uno acepta a Jesucristo como Salvador y da su vida al Señor, un aspecto de tal dedicación requiere la renovación de la mente (Romanos 12:2). Entonces podemos amar a Dios (Mateo 22:37), entender la voluntad de Dios (Efesios 5:17) y alabarle inteligentemente (1 Corintios 14:15).

La voluntad del mortal es otra faceta muy importante de nuestras naturalezas inmateriales. La voluntad de la persona incrédula puede llevar a cabo una buena acción (Hechos 27:43), de la misma manera que la puede realizar un creyente (Tito 3:8), pero también es verdad que ocurre lo contrario (1 Timoteo 6:9; Santiago 4:4).

Toda esta consideración apunta al hecho de que el cristiano tiene en su interior, al parecer, dos diferentes capacidades para servir y satisfacer al yo personal. Esta vieja naturaleza o naturaleza de pecado no debe ser definida sencillamente en términos de la aptitud para hacer el mal, ya que se trata de algo más. Hay muchas cosas que no son malas en sí mismas, pero que tienen su arraigo en la vieja naturaleza. La característica que lo incluye todo es que la vieja naturaleza hace aquello que deja fuera a Dios. En la conversión se nos dio una nueva naturaleza o capacidad con la que podemos servir a Dios (estudia Romanos 6:18-20; 2 Pedro 1:4; Efesios 4:22-25).

Sin embargo, estas dos naturalezas o capacidades no son como dos bobinas de grabadora sobre las que se graban juegos de acciones separados que pueden imprimirse en una computadora. En realidad, cada acción, la misma acción, puede ser iniciada por cada una de las dos naturalezas. Lo que distingue a lo nuevo de lo viejo no es necesariamente la acción misma, sino el uso de ella. Por eso ambas bobinas del registro pueden contener un número de acciones en cada una que sean exactamente iguales (aunque algunas cosas que son claramente malas se relacionarán solamente con la vieja naturaleza), y el creyente, por medio de la acción de su voluntad, oprime el botón que determina la naturaleza que debe actuar.

La caída del hombre

Toda la cuestión de por qué estaba incluido el pecado en el plan de Dios resulta, en definitiva, incontestable para el mortal. Pero los medios por los cuales entró la humanidad a experimentar el pecado se detallan claramente en Génesis 3. Este capítulo tiene muchos críticos cuyos puntos de vista (sea que lo denominan mito, mito verdadero, leyenda, leyenda sagrada o cualquier otra cosa) se resumen en el hecho que no consideran que su contenido sea histórico. Sin embargo, frecuentemente tratan de preservar el "verdadero" carácter de la historia no histórica (y, de este modo, falsa, en última instancia). He aquí un modelo de semejante artificio y fantástico forcejeo teológico:

> A menos que seamos invencibles fundamentalistas, sabemos que Génesis 3 debe considerarse debidamente como "verdadero mito", es decir que, como el jardín del Edén no figura en ningún mapa y la caída de Adán no encaja en ningún calendario histórico, tal capítulo repercute en la dimensión de la experiencia humana, tan presente hoy como en los albores de la historia; en claras palabras, somos criaturas caídas, y la historia de Adán y Eva no es más que la historia tuya y mía.[5]

A pesar de ello, la estructura, los detalles y las referencias siguientes a la historia señalan a la verdad histórica del relato (notemos, en especial, Mateo 19:3-6; Romanos 5:12-21; además, Lucas 3:38 y Judas 14 muestran que Adán no significa simplemente humanidad, sino una persona individual).

La prueba

La prueba a que fueron sometidos Adán y Eva constituía a un tiempo algo de importancia extrema y asunto relativamente de menor importancia. Era menor desde el punto de vista de que una prohibición pequeña, en medio de la gran cantidad

5. Archibald M. Hunter, *Interpreting Paul's Gospel* (Filadelfia: Westminster, 1967), p. 77.

de provisiones del jardín del Edén, no significaba gran cosa. El no conocer el mal, el que Dios no permitiese que lo experimentaran, era una bendición y en ninguna manera una cosa a faltar en sus vidas. Desde luego, desde el otro punto de vista, la prohibición era literalmente asunto de vida o muerte y de capital importancia. El guardar o el violar dicho mandamiento era significar de modo principal que se obedecía o se desobedecía a la voluntad de Dios. (Desde luego, Adán y Eva tuvieron otras responsabilidades, como la de cuidar del jardín.) Evidentemente el árbol de la ciencia del bien y del mal era un árbol verdadero que Dios había preparado como instrumento para comunicar el conocimiento.

El curso de la tentación

El ataque de Satanás empezó con el señuelo de Génesis 3:1. Trataba evidentemente de hacer que Eva creyese que Dios no era tan bueno si les prohibía algo. La contestación de ella en el versículo segundo parece indicar que ella pensaba que Dios, desde el punto de vista práctico, les había dado todo y que una simple prohibición era asunto trivial, pero Satanás intentaba manchar la bondad de Dios,[6] diciendo: "Si Dios es verdaderamente Dios, no os prohibiría nada, pero ya que no os deja comer de este simple árbol, no puede ser tan bueno. Contrariamente, mi plan os permite hacer lo que Dios no os deja hacer precisamente". Así fue la falsificación de Satanás.

Lo que había de lógica en tal enfoque del problema no era sino un silogismo. La premisa mayor era: las restricciones no son buenas. La premisa menor era: el plan de Dios es restrictivo. La conclusión: el plan de Dios no es bueno. Por el contrario, el plan de Satanás, sin restricciones, se presentaba como bueno.

Eva entonces dio un paso muy personal y racionalizó el mal que iba a cometer. Examinando el fruto prohibido, razonó que ya que era bueno para comer y como Dios le había encomendado

---

6. Personalmente, yo dudo que las palabras "ni le tocaréis" del versículo 3 son una añadidura a las palabras de Dios a Adán y a Eva, sencillamente porque es difícil concebir que Eva mintiera y, por lo tanto, pecara antes de comer del fruto prohibido.

la responsabilidad de preparar comida variada para su marido, no podría ser muy malo el hecho de coger de aquel fruto, y la misma línea de argumentación fue aplicada a la belleza del fruto y a su contenido de inteligencia y conocimiento. Se le fue de la cabeza la idea central de que Dios había prohibido expresamente comer de aquel fruto en particular. Su mente estaba llena solo de razonamientos y, habiendo ya justificado con anterioridad su acción, tanto ella como Adán comieron en flagrante desobediencia a la voluntad revelada de Dios.

Los resultados del pecado

Como resultado de aquel pecado, sucedieron las cosas siguientes:

1. La serpiente fue condenada a arrastrarse (3:14).
2. Satanás fue colocado en enemistad con la simiente de la mujer y permitió que Cristo sufriera una herida dolorosa, pero no mortal (v. 15). Satanás, sin embargo, fue condenado a una herida mortal (la "cabeza" en vez del "calcañar").
3. A Eva y a las mujeres se les adjudicó un dolor de parto y una sumisión a sus maridos (v. 16).
4. Tanto a Adán como a los varones se les encargó el trabajo desagradable por cuanto la Tierra fue maldita (vv. 17-19).
5. La raza, desde luego, experimentó una comunión rota con Dios, o sea, una muerte espiritual, y una muerte física, quedando excluido de los beneficios del Edén. El pecado de Adán y Eva trastocó el curso de la historia y la vida de todos sus descendientes (lee nuevamente Romanos 5:12-21).

El pecado del ser humano

Definición del pecado

Se han propuesto muchas definiciones del pecado a lo largo de la historia, dividiéndose en categorías bastante bien definidas.

1. Algunos dicen que el pecado es una ilusión, que no existe en realidad. Es verdad que el individuo tiene fallos, pero con el tiempo y con el proceso continuo de la evolución, estos desaparecerán. Un médico dijo no hace mucho: "No hay lugar

para el concepto del pecado en psicoterapia". Y hace mucho tiempo, más de un pensador dijo que el hombre es consciente del pecado solamente por su falta de conocimiento. Si supiera más, disiparía semejante ilusión del pecado.

2. El pecado es un principio eterno del mal fuera de Dios e independiente de Él. Este es un dualismo que ha venido asociado, en una forma u otra, con Zoroastro, con Yang y Yin en el pensamiento chino, y con el principio del gnosticismo.

3. El pecado es egoísmo. Esta definición del pecado es común y, en cierto modo, es escritural, aunque inadecuada, por cuanto no es bastante incluyente. Por ejemplo, mediante esta definición, una persona que roba comida al rico para alimentar a los pobres puede no actuar de modo egoísta, pero, no obstante, está pecando. Sin embargo, mucho pecado es egoísmo.

4. La definición bíblica del pecado en 1 Juan 3:4 es que es infracción de la ley. Esta definición simple requiere verdaderamente mayor explicación porque para poder saber qué es el pecado tenemos que definir la *ley*. Una definición de la *ley* dependerá del período de la historia de que hablemos. La ley en el huerto del Edén era una cosa; en tiempos de Abraham era otra; en tiempos de Moisés todavía era otra; hoy, consiste en los muchos mandamientos del Nuevo Testamento. Por lo tanto, el pecado es una desviación de esos mandamientos. Una declaración resumida la encontramos en 1 Corintios 10:31 donde se dice que los creyentes han de hacer todo para la gloria de Dios. Tal definición del *pecado* que incluye todo eso sería, por tanto, todo lo que no se conforma a la gloria de Dios, y, en verdad, ese es el patrón por el cual se mide el pecado en el conocido versículo de Romanos 3:23.

El pecado personal

Al menos ocho palabras básicas para pecado las encontramos en el Antiguo Testamento y, como mínimo, doce en el Nuevo Testamento.

Indican:

1. Que hubo siempre una norma contra el pecado, claramente entendida, cuando este se cometía.

2. Que el mal puede adquirir multitud de formas.

3. Que la responsabilidad del ser humano era definitiva y claramente comprendida.

4. Que el pecado es una clara rebelión contra Dios. Algunos versículos instructivos son: Génesis 38:7; Ezequiel 48:11; 1 Reyes 8:50; Mateo 5:21; 1 Corintios 6:9; Gálatas 6:1 y 1 Timoteo 4:2. El pecado personal no es sencillamente no dar en el blanco, porque si uno no da en el blanco, dará en cualquier otro lado. El no hacer el bien, significa hacer el mal.

La naturaleza pecaminosa heredada

Somos "hijos de ira" por naturaleza, declaró el apóstol Pablo (Efesios 2:3). Esta naturaleza de pecado, que todo el mundo tiene por nacimiento, es aquella capacidad de hacer aquellas cosas (buenas, neutrales o malas) que no nos llevan a ensalzar a Dios. Las Escrituras están llenas de declaraciones de corrupción en muchos aspectos de la naturaleza del hombre. Su intelecto ha sido corrompido (2 Corintios 4:4; Romanos 1:28) como asimismo su conciencia (1 Timoteo 4:2), su voluntad (Romanos 1:28), su corazón (Efesios 4:18) y todo su ser (Romanos 1:18-3:20). Esta es la doctrina de la depravación total. Esta depravación total no significa que todos estén tan profundamente depravados en sus acciones como pudiera uno llegar a imaginar, ni que todos caigan en toda clase y forma de pecado, ni que una persona no pueda apreciar e incluso realizar actos bondadosos, pero sí que significa que la corrupción del pecado se extiende a todos los seres humanos y a todas sus partes, de modo que no queda nada en el ser natural que pueda ofrecer mérito alguno a los ojos de Dios.

La imputación del pecado

Los teólogos han argumentado durante mucho tiempo acerca del pecado imputado, o achacado. Muchos entienden que significa que el primer pecado de Adán se cargó a la cuenta de cada uno de los mortales que han nacido en este mundo. Otros piensan que Adán actuó como representante de la raza humana, pero sin que su pecado sea, en realidad, transferido a los demás. El debate se centra alrededor del significado de Romanos 5:12 y especialmente en las últimas palabras del versículo: "todos pecaron". ¿Significa esto que todos son pecadores (que, en esencia, equivale a decir que todos tienen una naturaleza pecaminosa) o significa que, en alguna manera, toda la humanidad pecó cuando Adán pecó? Si es esto último, entonces se llama pecado imputado, atribuido, achacado.

Muchos acusan que tal concepto de pecado no puede ser correcto por cuanto no parece justo que se impute a alguien algo antes de nacer. Tanto si esta es una conclusión lógica como si no lo es, lo cierto es que la imputación es una idea que se reconoce tanto en la Biblia como fuera de ella. Para un ejemplo de la imputación del pecado en la Biblia se puede leer Hebreos 7:9-10, observando, al mismo tiempo, 1 Samuel 22:15 y 2 Corintios 5:21 (una imputación inmerecida a la que no objetan los cristianos). En nuestros días modernos es frecuente encontrar este principio de imputación en los tribunales y juicios, de forma que el concepto no nos resulta tan excepcional, después de todo.

Si el concepto del pecado imputado es bíblico (como parece serlo), entonces eso, juntamente con el pecado personal del individuo y su naturaleza depravada, constituyen tres razones por las cuales Dios debe condenar a todos los seres humanos por sus pecados.

El pecado en relación con el cristiano

El hecho del pecado. El ser cristiano no le exime a uno de pecar. Desde luego, hay quienes enseñan que se erradica la naturaleza de pecado en esta vida, pero las imágenes y las doctrinas del Nuevo Testamento parecen enseñar otra cosa. La verdad es que Juan menciona tres falsas alegaciones que hacía la gente en su día a este respecto, según vemos en su primera carta 1:8-10. El versículo 8 habla de negar la presencia del principio del pecado; el versículo 9, la negación de pecados particulares, y el versículo 10, la negación del pecar personalmente.

Lo que se requiere del creyente. Lo que del creyente se requiere es "andar en luz" (1 Juan 1:7). La comunión se obtiene dejando que la luz revele lo que es bueno y lo que es malo, y entonces responder a esa luz continuamente. El cristiano nunca se convierte en luz en tanto que está en este cuerpo terrenal, pero puede y debe caminar respondiendo a la luz mientras está aquí en la Tierra. Y al hacerlo, se dan dos circunstancias: primera, comunión con los otros creyentes, y, segunda, limpieza. Esta limpieza es el resultado de andar en la luz, no de confesar los pecados cometidos. En otras palabras, el andar en la luz hace destacar nuestros pecados y nuestras fragilidades, por lo tanto, necesitamos constantemente ser limpiados, y esto se consigue a base de la muerte de Cristo. El caminar en la luz produce la iluminación de lugares oscuros que son confesados inmediatamente, y caminando en una luz más creciente nuevos lugares oscuros se irán iluminando, y así sucesivamente a lo largo de la vida cristiana. Este es un requerimiento que viene al dedo a cada creyente automáticamente por causa de su necesidad espiritual durante cualquier momento de su peregrinar espiritual.

Prevenciones del pecado. Siempre es mejor estar vacunado que tener la enfermedad, y Dios ha provisto ciertos preventivos para el pecado en la vida del creyente. Una de ellas es la palabra de Dios (Salmo 119:11), otra es la constante intercesión de Cristo (Juan 17:15) y la tercera es la obra del Espíritu Santo en la vida del creyente, realizando aquellas cosas que producen el servicio cristiano efectivo (Juan 7:37-39).

Penalidades por el pecado. 1) Cualquier pecado produce cierta pérdida de comunión entre el creyente y su Padre celestial (1 Juan 1:6). 2) Ciertos pecados pueden requerir que la iglesia local tome cuenta de ello y actúe en consecuencia, excomulgando al hermano equivocado, o en error, pero siempre con la esperanza y con el obrar constante para su restauración posterior (1 Corintios 5:4-5). 3) El castigo, que puede adquirir muchas formas, resulta también una penalidad por el pecado persistente, según vemos en Hebreos 12:6. 4) En ocasiones, el Señor puede llevarse a un hermano al cielo por una muerte física debido a su constante pecar (1 Corintios 11:30).

El remedio para el pecado. Tan pronto como nos demos cuenta de que hemos pecado, debemos confesarlo prontamente y con disposición. La palabra *confesar* significa, literalmente, decir la misma cosa, eso es, reconocer plenamente y aceptar la falta (1 Juan 1:9). Cuando un creyente confiesa su pecado, está de acuerdo con lo que Dios dice acerca de este pecado y reconoce su culpabilidad pasada. La confesión no consiste en hacer una declaración verbal de algo para que automáticamente se produzca el perdón, sino que tiene que haber un elemento de arrepentimiento y un deseo de abandonar ese pecado (Hechos 19:18). Y, sin embargo, ¿quién no ha caído en el mismo pecado otra vez después de confesarlo, incluso varias veces? Esto no indica necesariamente que algo fallaba en la confesión, sino que quizá los medios empleados para la victoria no eran los más apropiados.

Ya que se trata de comunión dentro de la familia de Dios lo que se ha roto por el pecado, resulta que es esa misma comunión la que se restablece cuando se confiesa el pecado. El pecado no le echa a uno de la familia, sino que impide la plena comunión con la vida familiar. La confesión restablece esa relación. La comunión eterna de pertenecer a la familia, no puede romperse nunca, pero sí se resiente la comunión entre la familia al ser interrumpida por el pecado. El pecado puede también afectar a otros miembros de la familia, de modo que los pasos convenientes a dar incluyen los de esa comunión familiar. El pecado es siempre un asunto serio puesto que afecta a Dios, a nosotros mismos y a los demás.

7

La salvación por Cristo

La doctrina de la salvación es a la vez simple y compleja. Por un lado, la mayoría pueden, al menos, citar parte de Juan 3:16 o la respuesta de Pablo al carcelero de Filipos sobre cómo ser salvo (Hechos 16:31). Pero, por otro lado, ¿quién puede explicar cómo un Dios-hombre santo se hizo pecado y murió, o cómo se puede profundizar en el concepto de la elección (que forma parte importante de la doctrina de la salvación)? La salvación es una doctrina extremadamente importante para que la entendamos correctamente, ya que un anatema (maldición) se ha lanzado contra cualquiera (incluso ángeles, o cualquier predicador) que presuma de proclamar otro evangelio que no sea el verdadero. Por tanto, es muy importante que entendamos y que podamos explicar el evangelio de la salvación con exactitud y con claridad. Se descubre fácilmente cuán poco se ha hecho esto al leer tantos tratados que caen en nuestras manos o al oír tantos sermones por radio que confunden el evangelio.

Desde luego, la doctrina de la salvación va inseparablemente unida a la doctrina de Cristo que ya hemos estudiado en este libro. Y la razón de la existencia de tal vínculo es vitalmente diáfana: el valor de la salvación depende del valor del Salvador. Si Él fuera pecador como cualquier otro ser humano, entonces su muerte no pagaría más que por sus propios pecados. De la misma manera que un cordero pascual tenía que ser sin mancha antes de ser sacrificado (Éxodo 12:5-6), así la vida de nuestro Señor demostró ser perfecta y un sacrificio inmaculado por nuestros pecados. Sin embargo, ya que hemos considerado anteriormente estos asuntos en el capítulo 4, nos concentraremos aquí en su obra de redención, incluyendo las muchas facetas de la salvación.

¿QUÉ ENCIERRA LA ELECCIÓN?

No hay duda alguna, mírese como se mire, respecto a que la elección constituye una doctrina difícil, pero siendo realmente bíblica, no podemos eludirla. Y, por supuesto, se trata de una doctrina que está inseparablemente relacionada con la doctrina de la salvación.

El concepto

El principio de la elección nos rodea por todas partes, aunque no admitamos que se trate del principio de elección para salvación, sino ese principio de selección que constituye un enunciado suave para elegir. Nosotros nacimos en el seno de familias diferentes; por lo mismo pertenecemos a diferentes razas, nuestros genes son distintos y tenemos oportunidades de muy diversa índole en la vida, etc. Todas estas cosas que tomamos como cosas corrientes, encierran un principio de selectividad, de oportunidad, casualidad, destino, circunstancia, o cualquier otra cosa.

La doctrina bíblica de la elección encierra igualmente el principio de la diferenciación, y podemos definirla como la acción de Dios al buscar ciertas personas para ciertos propósitos. La razón de por qué la definición es tan amplia es para que incluya en ella a los diversos pueblos y grupos que se dicen elegidos en la Biblia. Por ejemplo: 1) la nación de Israel fue elegida (Deuteronomio 4:37; 1 Crónicas 16:13), y ese grupo incluía tanto a personas regeneradas como no regeneradas. 2) El rey Ciro fue llamado por Dios para una función y es considerado como elegido de Dios, aunque no era persona salva que sepamos nosotros (Isaías 45:1-4). 3) Se dice que Cristo es el elegido de Dios (Isaías 42:1). 4) Habrá un pueblo elegido durante el período de la tribulación que será distinto a la iglesia (Mateo 24:22, 24, 31). 5) Hoy existe una elección de Dios, que son aquellos que creen en Cristo (Colosenses 3:12; Tito 1:1). En relación con este último grupo, la elección puede ser definida como la acción de Dios en elegir a aquellos que serán salvos como miembros del cuerpo de Cristo.

El concepto de elección debe enraizarse en el carácter mismo de Dios. En otras palabras, la elección, como todo cuanto hace Dios, está en perfecta armonía con su carácter. Y esto significa varias cosas:

1. La elección es amor, por cuanto Dios es amor y no puede hacer nada que vaya contra el amor (Efesios 1:4; las palabras "en amor" pueden también considerarse como principio del versículo 5 y como final del 4).

2. La elección de Dios es sabia, toda vez que Él es sabio (Romanos 16:27).

3. Su propósito de elección tiene su origen en la eternidad pasada (Efesios 1:4) y se extiende por toda la eternidad futura (Romanos 8:30).

4. La práctica de dicha elección no viola, por lo general, las leyes naturales que Dios preparó y a las cuales Él normalmente se atiene. Esto significa que el elegido no será salvo porque un ángel aparezca repentinamente y le predique, sino por el proceso normal de oír y creer el testimonio que procede de otros seres humanos (Romanos 10:14). También significa que la ley natural de siembra y cosecha se aplica, de modo que un incrédulo que persista en ser incrédulo cosechará el lago de fuego. En otras palabras, el elemento de ejercicio de la responsabilidad humana forma parte del programa total de la elección.

5. La elección, por último, glorifica a Dios (Efesios 1:12-14). En algunos casos esto resulta difícil de ver, pero hemos de recordar que nosotros observamos tan solo una pequeña parte de la obra total realizada por Dios en su programa del Universo y que, realmente, no estamos en condiciones de juzgar lo que Él hace.

La base escritural

Los principales pasajes que hablan de la elección en el Nuevo Testamento son Efesios 1:3-14; Romanos 9:6-24; 8:28-30; Juan 6:44; Hechos 13:48; 1 Pedro 2:8 y Apocalipsis 17:8. Estos pasajes tratan de las cuestiones de nuestros derechos hacia el derecho de Dios para elegir, el escogimiento pretemporal de aquellos a quienes Él iba a salvar, y a quienes iba a omitir. Muchas cosas de estos pasajes no son fáciles, pero si podemos empezar a creerlos (incluso si no los entendemos perfectamente), entonces comenzaremos a ver la elección desde el punto de vista de Dios.

El proceso

Es claro que hay un pueblo que ha sido elegido. Efesios 1:4-5 muestra que este grupo fue elegido por amor antes de la fundación del mundo. Los versículos de 2 Juan 1, 13; Romanos 16:13 y Gálatas 1:15-16, muestran que dicho grupo se compone de individuos elegidos, en tanto que los versículos de Juan 13:18; Romanos 9:22 y 1 Pedro 2:8, indican que algunos no fueron incluidos en dicho grupo. No conocemos las respuestas a la pregunta de qué motivó a Dios a elegir como lo hizo, pero sí sabemos que Él nunca obra de modo contrario a su carácter. La elección es más que el simple prever quién iba luego a creer; se trata de la acción de elegir a aquellos que iban a creer.

Hay un procedimiento que da complacencia al acto "pretemporal" de elegir. Y ese procedimiento incluye el enviar al Salvador a morir, todos los acontecimientos necesarios durante el período de su encarnación, la predicación del evangelio hoy y la necesidad de tener fe para poder ser salvo. La elección no anula la responsabilidad humana y se ordena a todos los seres humanos que crean (Hechos 16:31; 17:30) y se dice que ninguno es salvo si no cree (Efesios 2:8-9). Vamos a ponerlo de esta forma: hay gente elegida y viva hoy que no es salva porque, a pesar de haber sido elegida, continúa perdida hasta que crea, y cuando crea será salva. Incluso si esto nos parece paradójico, no deja de ser verdad, y el no reconocerlo es dejar de ver todos los aspectos de esta doctrina.

Hay un producto de la elección y ese es un pueblo que hace buenas obras (Efesios 2:10). Forma parte de nuestra identidad como "elegidos de Dios" el ser vestidos de "misericordia, benignidad, humildad, mansedumbre, paciencia" (Colosenses 3:12). El tratar de comprender la soberanía de Dios no debe conducir nunca a la licencia, sino a la sorpresa que humilla, que da gracias y que santifica, como leemos en Romanos 11:33-36.

LA MUERTE DE CRISTO

Sus logros

Fue una sustitución por el pecado. Existen muchas facetas respecto al significado de la muerte de Cristo, pero la central —sin la que las otras no tendrán verdadero sentido, ni eterno– es la sustitución. Esto significa sencillamente que Cristo murió en el lugar de los pecadores. El empleo de la preposición griega *anti* enseña claramente que murió "en lugar de". Se emplea, por ejemplo, con este sentido en un pasaje que no tiene nada que ver con la muerte de Cristo (Lucas 11:11), pero más significativamente se emplea en un pasaje que da la propia interpretación de nuestro Señor al sentido de su muerte (Mateo 20:28; Marcos 10:45). Su muerte, dijo, habría de ser un pago en sustitución de muchos.

Otra preposición, *huper*, se emplea, además, en el Nuevo Testamento y tiene dos sentidos: a veces significa "para beneficio de" y a veces "en lugar de". Desde luego, la muerte de Cristo fue tanto en nuestro lugar como para beneficio nuestro, y no hay razón para que *huper*, cuando se emplee en relación con su muerte, no encierre ambas ideas. Veamos, por ejemplo, 2 Corintios 5:21 y 1 Pedro 3:18.

No hay discusión sobre el significado de "beneficio" de esta preposición, y la cuestión es si la palabra significa al mismo tiempo sustitución, o no. Si pudiéramos encontrar un pasaje en el Nuevo Testamento que no se relacione con la expiación, donde la palabra *huper* significa sustitución, entonces tendríamos una base fuerte para afirmar que también significa sustitución en la expiación de los pasajes anteriormente señalados. Y existe tal pasaje, el de Filemón 13.

La imagen es clara. Pablo envía desde Roma a su recién convertido, el esclavo Onésimo, de vuelta a su dueño, del que se había escapado, llamado Filemón y habitante de Colosas. Pablo escribe a Filemón: "Yo quisiera retenerle [a Onésimo] conmigo [en Roma], para que en lugar [*huper*] tuyo me sirviese en mis prisiones por el evangelio". El sentido principal no puede ser "para beneficio de Filemón" porque habría sido para Pablo, y no para Filemón, el beneficio de que Onésimo se quedara en Roma y le sirviera a Pablo, en vez de servir a Filemón. El asunto está en que la palabra puede incluir la idea de sustitución en un pasaje que no se relaciona con la expiación de Jesucristo, y con toda certeza puede incluirla en los pasajes que sí se relacionan con esa idea. Y también es verdad que la palabra puede significar sustitución fuera del Nuevo Testamento, lo que robustece más dicho argumento.[1]

¿Qué hacen con estas pruebas quienes rechazan que el Nuevo Testamento enseña una doctrina de la expiación sustitutoria? O bien sumergen la sustitución en un complicado marasmo (a veces con citas bíblicas) de los beneficios de la muerte de Cristo, haciéndole perder su base principal de otros beneficios (recordando que sin sustitución no habría beneficios eternos) o bien dicen que la idea de la sustitución debe ser reinterpretada o enfocada plenamente tan solo a la luz del beneficio. Como ejemplo de la primera desviación un escritor inicia su marasmo diciendo: "La muerte de Jesús es mayor que cualquier definición, más profunda y más intensa que cualquier juicio racional.... Es presentada por una rica variedad de términos y de analogías, pero nunca es completamente encerrada en una red verbal... Aunque no exista una explicación racional definitiva de la cruz que podemos alcanzar, debemos buscar su significado una y otra vez".[2]

Posteriormente, el autor procede a hacer una lista de los siguientes encabezamientos, bajo el título general de "El significado de la muerte de Jesús": 1) La muerte de Cristo como juicio; 2) la muerte de Cristo como triunfo; 3) liberación a un costo inconmensurable; 4) la muerte de Cristo como expiación; 5) la muerte de Cristo como reconciliación; 6) la muerte de Cristo como revelación; 7); la muerte de Cristo como sacrificio; 8) la muerte de Cristo como sustitución, y 9) lo existencial: una forma de vida compartida. No solamente se descentraliza la sustitución, sino que también la vuelve a definir el autor. No se hace mención de los versículos *anti* y se concibe a la sustitución como que Cristo hace algo *en* nosotros para nuestro beneficio, no como que Él nos haya reemplazado.[3]

---

1. James H. Moulton y George Milligan, *The Vocabulary of the Greek Testament* (Grand Rapids: Eerdmans, 1949), p. 65, y Gustaf Deismann, *Light from the Ancient East* (Nueva York: Harper, s. f.), pp. 152-153.

2. Frank Stagg, *Teología del Nuevo Testamento* (El Paso: Casa Bautista de Publicaciones, 1976), pp. 140-141.

3. Ibíd., pp. 141-152.

Aquí va otro ejemplo del segundo escamoteo: el reinterpretar la sustitución a la luz del beneficio.

> Podemos hacer una observación con respecto al tema de la expiación sustitutiva, según se encuentra en Pablo. El hecho es que él propone lo que podemos llamar una vista de la muerte de Cristo "representativa" más bien que "sustitucionaria". Cuando Pablo escribe que Cristo murió "por mí" no significa, generalmente, "en mi lugar", sino "para mi beneficio.". De esta forma no puede tratarse de un asunto de sustitución o de chivo expiatorio. Es verdad que en otro contexto la analogía del rescate de un cautivo, o (muy raramente) de una ofrenda de sacrificio, se saca a la luz y Pablo sugiere sustitución, pero esta idea central... es dominada por el concepto gobernante de nuestra participación con Cristo en su muerte al pecado y a la ley.[4]

Ninguno de los versículos relativos a la expiación que nosotros hemos discutido es mencionado por este autor, lo que indica que se trata de una erudición no exenta de liberalismo con sus prejuicios naturales.

Preparó la redención del pecado. La doctrina de la redención descansa sobre tres palabras del Nuevo Testamento. La primera es una sencilla que significa "comprar o pagar un precio por algo". Se emplea, por ejemplo, con este sentido ordinario de cada día, en la parábola del tesoro escondido que hace que el hombre venda todo lo que tiene y compre aquel campo (Mateo 13:44). En relación con nuestra salvación, la palabra significa pagar el precio que requería nuestro pecado de modo que pudiéramos ser salvos o redimidos. Léase 2 Pedro 2:1, donde la extensión de la redención incluye el pagar el precio por los falsos maestros no salvos. Apocalipsis 5:9 muestra también el significado, diciéndose que es la sangre de Jesucristo y,

---

4. Amos N. Wilder, *New Testament Faith for Today* (Nueva York: Harper, 1955), p. 134.

en 1 Corintios 6:19-20, donde el resultado deseado de la redención es que podamos glorificar a Dios en nuestros cuerpos.

La segunda palabra es la misma básica, indicada anteriormente, con un prefijo que es una preposición que tiene la fuerza de intensificar el significado. Se puede añadir el sentido de "fuera de", como si dijéramos "comprar y sacar fuera del mercado". Entonces la idea en esta segunda palabra es que la muerte de Cristo, no solamente pagó el precio por el pecado, sino que también nos sacó del mercado del pecado para darnos plena seguridad de que nunca regresaremos a la esclavitud y a las penalidades del pecado. El propósito de la muerte de Cristo era "redimir a los que estaban bajo la ley, a fin de que recibiesen la adopción de hijos" (Gálatas 4:5). La palabra compuesta se emplea en este versículo y nos asegura de que nunca podremos perder esa adopción de hijos y regresar a la esclavitud.

La tercera palabra para redención es totalmente diferente. Su sentido básico es desatar, y por ello significa que la persona que es comprada también es suelta y libertada en el sentido más amplio. El medio de la liberación es por la sustitución llevada a cabo por Jesús, como vemos en 1 Timoteo 2:6, donde el prefijo de preposición de esta palabra es *anti*; la base de todo ello es la sangre de Jesucristo (Hebreos 9:12) y el resultado propuesto es purificar a un pueblo celoso de buenas obras (Tito 2:14). Así que la doctrina de la redención significa que, debido al derramamiento de la sangre de Jesucristo, los creyentes han sido comprados y libertados de la esclavitud, quedando ya sueltos.

Efectuó la reconciliación. Reconciliar significa cambiar. La reconciliación por la muerte de Cristo significa que el estado del ser humano de alejamiento de Dios se cambia de suerte que ya puede ser salvo (2 Corintios 5:19). Cuando una persona cree, entonces su estado anterior de privación de Dios se cambia en un estado que le coloca dentro de la familia de Dios. La extensión de la reconciliación afecta a todo el mundo (2 Corintios 5:19) en el sentido de que las faltas no son imputadas y Dios puede ofrecer al hombre su amor en Jesucristo, pero afecta a los creyentes en un sentido salvífico, de suerte que cuando se recibe ese don personal de amor, somos salvos (Romanos 5:11).

La base de la reconciliación, como dice este mismo versículo, es la muerte de Cristo, y es importante observar que en la reconciliación solo cambia el mortal, y no Dios, lo cual tiene sentido, porque, de otro modo, Dios dejaría de ser inmutable y su santidad quedaría comprometida. Es la persona quien necesita cambiar y no Dios, siendo precisamente esto lo que ocurre en la reconciliación.

Provee la propiciación. Propiciar significa aplacar o satisfacer a un dios, y, naturalmente, ello nos lleva a la pregunta de por qué la deidad necesita ser aplacada. La contestación bíblica a tal pregunta es sencilla porque sabemos que el verdadero Dios está enfadado con la humanidad por causa del pecado. El tema de la ira de Dios aparece a lo largo de la Biblia, incluyendo la enseñanza de Cristo (Marcos 3:29; 14:21). La ira no es solamente la operación impersonal e inevitable de la elaboración de la ley de causa y efecto, sino que es la intervención personal de Dios en los asuntos de la humanidad (Romanos 1:18; Efesios 5:6).

La muerte de Cristo propició a Dios, desviando su ira y permitiéndole recibir en su familia a quienes ponían su fe en el que satisfacía a Dios. La extensión de la obra expiatoria de Cristo cubre todo el mundo (1 Juan 2:2) y la base de tal propiciación es su sangre derramada (Romanos 3:25).

Dios está satisfecho porque Cristo ha muerto, y, por lo tanto, nosotros no tenemos que pedir a nadie que haga nada para satisfacer a Dios, lo que significaría tratar de aplacar a uno que ya está aplacado, cosa totalmente innecesaria. Antes de la cruz, una persona no podía estar segura de que Dios estaría satisfecho con lo que la persona hiciera, y por eso el publicano oraba: "Dios, sé propicio a mí, pecador" (Lucas 18:13). En el día de hoy semejante oración sería una pérdida de tiempo porque Dios ya está propiciado mediante la muerte de Jesucristo. Por lo tanto, nuestro mensaje para la humanidad hoy no debe ser en modo alguno que pueden satisfacerle mediante obras, sino que solo pueden quedar ellos satisfechos con la muerte de Cristo, un sacrificio que satisfizo plenamente la ira de Dios.

Juzgó la naturaleza de pecado (Romanos 6:1-10). La muerte de Cristo tuvo para nosotros una beneficiosa importancia pues hizo inoperante el poder que reinaba en nosotros, en nuestra naturaleza de pecado. Aunque esto no sea un concepto fácil de comprender, Pablo dice que nuestra unión con Cristo por el bautismo encierra el hecho de compartir su muerte, de tal forma que estamos muertos al pecado. El bautismo debe ser el del Espíritu Santo porque ninguna agua, por abundante que sea, puede cumplir lo que ya hemos dicho en este pasaje que está cumplido. La idea de muerte, tan prominente en este pasaje, no significa ni la extinción ni la cesación, sino siempre la separación. La muerte física, tanto para el que cree como para el que no cree, no es ni la extinción de la persona ni la cesación de la actividad, sino la separación del espíritu del cuerpo. La muerte espiritual, el estado de separación de Dios, no es extinción ni inactividad, porque todos los no salvos, que están vivos y activos, se encuentran en este estado de separación. Incluso la muerte eterna no es extinción, sino separación para siempre de la presencia de Dios en el lago de fuego.

La crucifixión del cristiano con Cristo significa la separación del dominio del pecado en su vida. La cuestión en el versículo primero, ¿continuaremos en pecado?, se contesta con un "no" enfático a base de nuestro haber muerto en Cristo. Esto "destruyó" el cuerpo del pecado. La palabra "destruir" no significa aniquilar porque si fuera así, entonces la naturaleza de pecado quedaría erradicada, hecho que nuestra experiencia con la gente difícilmente confirma. Lo que significa es hacer inoperante o inefectiva la naturaleza de pecado. La palabra se usa de esta forma en 2 Tesalonicenses 2:8 para el hombre de pecado que es "destruido" por la segunda venida de Cristo, pero que continúa existiendo en el lago de fuego sin ser aniquilado (Apocalipsis 20:10). Pero nuestra crucifixión con Cristo significa, además, resurrección con Él a novedad de vida (Romanos 6:4). No solamente ha habido una separación de lo viejo, sino que hay también una nueva asociación con la vida de resurrección de Cristo. Esto se menciona en cada versículo desde el 4 al 10. La unión con Cristo, en consecuencia, no solamente rompe el poder de la vieja capacidad que existe en nosotros, sino que también nos asocia con el

Cristo resucitado, dándonos así el poder de vivir de acuerdo con los dictados de la nueva capacidad.

¿Cuándo ocurrió, u ocurre, todo esto? Históricamente, sucedió cuando Cristo murió y resucitó de nuevo. En cuanto se refiere a nuestra historia personal, esta unión con Cristo no tiene lugar hasta que le recibimos como Salvador y, en consecuencia, somos bautizados en ese momento en su cuerpo por el Espíritu Santo. En otras palabras, las acciones históricas de la muerte y resurrección de Cristo forman parte de nuestra historia personal en el momento en que creemos.

Desde luego, de forma práctica, estas verdades pueden estar presentes o ausentes de nuestra vida diaria. El hecho de que hayamos sido crucificados con Cristo y de esta manera el poder de la naturaleza de pecado haya sido destruido y hecho inoperante es una verdad inalterable y no depende de nada que hagamos. Pero el poner esto en la práctica sí que depende de que nosotros nos entreguemos al control de Jesús ya que la naturaleza de pecado es para el cristiano como un tirano que ha sido vencido por la muerte de Cristo. El creyente, por tanto, es ahora libre de vivir una vida que agrade a Dios, y aunque todavía resulte posible escuchar y seguir los impulsos del pecado, nunca será posible que el pecado recupere el dominio y el control que tenía antes de la conversión.

Produjo el fin de la ley. El hecho de que la muerte de Cristo pusiera fin a la ley mosaica se declara, de una forma transparente, en el Nuevo Testamento (Romanos 10:4; Colosenses 2:14). La importancia de este hecho se relaciona con: 1) justificación, y 2) santificación, siendo más fácil de ver la primera que la segunda. La razón es sencillamente que la ley no podía justificar al pecador (Hechos 13:39; Romanos 3:20); por lo tanto, si los seres humanos tienen que ser justificados, hay que habilitar otra salida. La ley puede mostrar al individuo sus necesidades, pero no puede aportar la contestación a dicha necesidad (Gálatas 3:23-25). La muerte de Cristo, en consecuencia, abrió un camino para la justificación de fe solamente en Él.

Pero la relación del fin de la ley con la santificación es más difícil de entender sencillamente porque en el Nuevo

Testamento se repiten pasajes de la ley mosaica, en relación con la santificación del creyente. Además, eso que se repite no viene tan solo de una sección de la ley (como los diez mandamientos). Realmente, nueve de los diez mandamientos se repiten, además de otras partes de la ley (Romanos 13:9), lo que hace imposible decir que se ha anulado la ley con excepción del Decálogo.

Además, 2 Corintios 3:7-11 manifiesta muy claramente que el Decálogo ("lo que fue escrito y grabado en piedras") fue abolido. ¿Cómo podemos armonizar estos hechos? ¿Está el cristiano bajo la ley mosaica en relación con la santificación, o no?

La única solución real que desde siempre encontró el autor de este libro es la que distingue a un código de los mandamientos contenidos en dicho código. La ley mosaica fue uno de varios códigos que Dios dio a lo largo de la historia, y como código está acabado. El código bajo el cual vive hoy el creyente se llama la ley de Cristo (Gálatas 6:2) o la ley del Espíritu de vida (Romanos 8:2). Cuando un código se anula y aparece otro en su lugar, no todos los mandamientos del nuevo han de ser nuevos y diferentes. El permiso de comer carne en la ley de Cristo (1 Timoteo 4:3) formó también parte del código bajo el que vivía Noé después del diluvio (Génesis 9:3), y de la misma manera algunas de las prescripciones que formaron parte de la ley mosaica han sido incorporadas en la ley de Cristo, en tanto que otras no lo han sido. Pero el código, como tal código entero, ha sido abolido.

Lo mismo pasa con ciertos códigos caseros cuando crecen los niños. En las diferentes épocas de su maduración se instituyen nuevos códigos, pero siempre aparecen algunos de los mandamientos del pasado. Decir que un código anterior con todos sus mandamientos ha sido anulado y decir que algunos de los mismos mandamientos aparecen en el nuevo, no es una contradicción. Es tan natural como lo es el crecimiento. Pero para crecer es absolutamente necesario reconocer que la muerte de Cristo anuló la ley mosaica como medio de santificación.

Es la base para que el creyente se limpie del pecado (1 Juan 1:7). La sangre (muerte) de Cristo es la base de nuestra constante limpieza del pecado. Esto no quiere decir que haya una recrucifixión ni una inmersión en la sangre con la que tocar al cristiano que yerra, sino que la muerte de una vez y para siempre de nuestro Señor Jesucristo facilita la constante limpieza cuando pecamos como cristianos. Nuestra relación familiar se mantiene firme por su muerte, pero la comunión con la familia se restablece cuando confesamos el pecado.

Es la base de anulación de los pecados anteriores a la cruz (Hechos 17:30; Romanos 3:25). En el Antiguo Testamento no queda claro mucho de lo que se dice acerca de la salvación, pero sí resulta evidente que no hubo arreglo final del problema del pecado hasta la cruz. Entonces todos los pecados anteriores a la cruz, que fueron cubiertos por los sacrificios, fueron quitados. La muerte de Cristo es la base del perdón en cada edad, y la fe es siempre el medio. Lo que no siempre sabemos, de modo específico, es el contenido particular de la fe que se requirió en cada edad.

Es la base para el juicio de Satanás y sus demonios (Colosenses 2:15; Juan 12:31). Aunque los juicios de Satanás han ocurrido y ocurrirán en varias etapas, todos se basan en la victoria que Cristo obtuvo en la cruz contra Satanás y sus demonios.

Sus ilustraciones

Aunque hay numerosas ilustraciones de la muerte de Cristo en el Antiguo Testamento, las que siguen se encuentran entre las más prominentes y dignas de un detallado estudio: 1) la ofrenda de Isaac por Abraham (Génesis 22); 2) la Pascua (Éxodo 12); 3) las cinco ofrendas de Levítico (1-5); 4) la vaca alazana, ilustración de la limpieza continua mediante el poder de la muerte de Cristo (Números 19); 5) el día de la expiación (Levítico 16) y 6) la disposición y servicio del tabernáculo.

Sus falsas concepciones

A lo largo de la historia los hombres han salido con falsas ideas acerca de lo que significa la muerte de Cristo. A veces sus ideas son completamente falsas; en otros casos han sido verdad de modo parcial, pero inadecuadas por cuanto omiten la idea central de la sustitución.

1. *La muerte de Cristo fue una deuda pagada a Satanás.* Aunque es verdad que la Biblia dice que su sacrificio pagó el rescate, no se dice que fuera pagado a Satanás.

2. *La muerte de Cristo no fue necesaria para pagar el pecado.* Su muerte fue sencillamente una expresión del amor de Dios que ha de ejercer una *influencia moral* sobre nosotros, ablandándonos los corazones y llevándonos al arrepentimiento.

3. *La muerte de Cristo no fue expiación por el pecado ni movió a Dios a perdonar el pecado.* Revela a los seres humanos el camino de la fe y de la obediencia como vía hacia la vida eterna, siendo de esta manera *ejemplo* que inspira para que nosotros llevemos una vida similar.

4. *Cristo murió, como víctima inocente, para satisfacer el gobierno de Dios ya que debe mantenerse la "justicia pública" y defenderse el gobierno de Dios.* Su muerte demostró cómo considera la ley al pecado.

5. *Teorías modernas, no conservadoras, respecto a la expiación.* Estas teorías consideran la muerte de Cristo como teniendo los elementos del ejemplo, de la influencia moral, y de la demostración del odio de Dios hacia el pecado, pero su amor por la humanidad, sin embargo, omiten el concepto básico del sacrificio sustitucionario como pago por el pecado.

Su extensión

La cuestión de la extensión de la expiación, es decir, si Cristo murió por todos los seres humanos o tan solo por los elegidos, ha sido debatida durante siglos. Algunas frases de algunos versículos pueden parecer limitar la extensión de la expiación, o propiciación; por ejemplo, "por las ovejas", de Juan 10:15; por la iglesia, de Efesios 5:26; "por muchos", de Mateo 20:28; pero hay otros pasajes que definitivamente parecen ensanchar la amplitud de la propiciación, incluyendo a todos los seres humanos. Notemos en especial Juan 1:29; 3:17; 2 Corintios 5:19; 1 Timoteo 4:10; 2 Pedro 2:1 y 1 Juan 2:2. Desde luego, estos versículos sin limitación pueden incluir la verdad de los que limitan; pero ya que no es verdad lo contrario, parece mejor concluir que la muerte de Cristo no tuvo límites en su valor. Fue para todos los mortales, pero, desde luego, la aplicación personal de la muerte viene limitada a aquellos que creen en Él.

Algunos de los beneficios de la muerte de Cristo

Entre las casi innumerables bendiciones de la salvación hay muchas que resultan claras para los creyentes porque pueden experimentarlas, como, por ejemplo, la oración, pero hay otros muchos beneficios que en sí mismos no se experimentan (aunque sí sus resultados) y que, frecuentemente, no se entienden tan bien; por ejemplo, la justificación. Sin embargo, estas son las bases de esas experiencias que son tan vitales para la vida normal de un cristiano.

La muerte de Cristo es la base de nuestra aceptación por Dios

Que la muerte de Cristo nos hace ser aceptados por Dios viene expresado en doctrinas como la redención (Romanos 3:24), la reconciliación (2 Corintios 5:19-21), el perdón (Romanos 3:25), la liberación (Colosenses 1:13), la aceptación en el Amado (Efesios 1:6), la seguridad de la futura glorificación (Romanos 8:30) y la justificación (Romanos 3:24).

La justificación puede necesitar una mayor elaboración. Justificar es declarar a uno justo. Consiste en un término judicial que indica un veredicto de absolución que ha sido anunciado, excluyendo así toda posibilidad de condenación. La verdad es que, en la Biblia, la justificación se plantea invariablemente frente a la condenación (Deuteronomio 25:1; Romanos 5:16; 8:33-34). La justificación siempre se cumple sobre una base justa, a saber, que las exigencias de la ley de Dios contra el pecador han sido plenamente satisfechas. La justificación no se da porque se hayan pasado por alto, se hayan suspendido, o se hayan alterado algunas de las justas demandas de Dios, sino porque en Cristo todas sus demandas han sido cumplidas. La vida perfecta de obediencia de Cristo en cuanto a la ley y su muerte expiatoria que satisfizo la deuda de pecado constituyen las bases de nuestra justificación (Romanos 5:9). La justificación nunca pudo haberse basado en nuestras buenas obras por cuanto Dios requiere perfecta obediencia y esto es una imposibilidad para el ser humano.

El medio de la justificación es la fe (Romanos 3:22, 25, 28, 30), La fe no es nunca la base de la justificación, sino el medio o canal por el que la gracia de Dios puede imputar al creyente pecador la justicia de Cristo.

Cuando nosotros creemos, todo cuanto Cristo es, Dios nos lo pone en cuenta; y entonces nos encontramos en situación de absolución. Dios puede justamente anunciar tal absolución y semejante pronunciamiento constituye la justificación. La Biblia no dice nunca que nosotros somos justificados por causa de nuestra fe la cual sería un esfuerzo meritorio y vendría a resultar en justificación por obras. La fe es como una mano vacía que se extiende para recibir la justicia de Cristo. El creyente viene a ser justificado porque está en Cristo; Dios puede anunciar que es justo, y eso es la justificación.

El creer en Cristo proporciona también una nueva posición

Esto incluye la ciudadanía en los cielos (Filipenses 3:20), la membresía en la familia de Dios (Efesios 2:19) por el nacimiento espiritual (Juan 3:5), la membresía en un sacerdocio santo y real (1 Pedro 2:5, 9), el casamiento (Apocalipsis 19:7) y la adopción (Gálatas 4:5).

La adopción es un beneficio particularmente maravilloso que la muerte de Cristo suministra al creyente. Es una doctrina exclusivamente paulina. Cada vez que leemos "hijo" en relación con el creyente (no de Cristo) en los escritos de Juan, por ejemplo, hemos de traducirlo por "niño" ya que Juan no escribe de la filiación del creyente. Solamente Pablo revela que somos adoptados como hijos. Es verdad que nosotros somos hijos de Dios por el nuevo nacimiento, pero también es verdad que somos adoptados en la familia de Dios al mismo tiempo. En el acto de la adopción se toma a un niño de una familia que no es la de la persona que lo adopta, y se le introduce en una nueva familia, considerándosele como un hijo verdadero con todos los privilegios y responsabilidades que acarrea la nueva relación. La misma idea puede aplicarse en el caso de un hijo de Dios que ha nacido, crece y se desarrolla hasta la madurez; la idea de filiación es la que ofrece ese complejo de privilegios que se dan en la nueva familia de Dios. La adopción proporciona una nueva posición al que recibe a Cristo.

Los resultados de la adopción son la liberación de la esclavitud, de los tutores y de la carne (Gálatas 4:1-5; Romanos 8:14-17), y es el Espíritu Santo quien nos permite gozar de los privilegios de nuestra posición.

La muerte de Cristo ofrece al creyente una herencia

Esto incluye el que nosotros estamos completos en Cristo, como leemos en Colosenses 2:9-10, que poseemos toda bendición espiritual (Efesios 1:3) y la seguridad del cielo (1 Pedro 1:4).

La fuerza y el poder para vivir la vida cristiana también vienen asegurados mediante la muerte de Cristo

Las bendiciones de la salvación incluyen el estar en gracia (de modo que no necesitamos continuar en pecado, Romanos 6:14), el estar libres de la ley (2 Corintios 3:6-13) y nuestro cuerpo es la morada de cada persona de la Trinidad (Efesios 4:6; Gálatas 2:20; 1 Corintios 6:19).

Otro importante beneficio por la muerte de Cristo es la santificación

La palabra *santificar* significa "poner aparte" (tiene la misma raíz que la palabra *santo*). Para el cristiano, la santificación tiene tres aspectos. Primero, el creyente ha sido colocado aparte en su posición de miembro de la familia de Dios. Es lo que se llama normalmente santificación posicional, y significa colocarse aparte, como miembro de la casa de Dios. Esta es una verdad que corresponde a cada creyente, sin tener en cuenta su condición espiritual, toda vez que ello concierne a su estado espiritual. Lee 1 Corintios 6:11, recordando la condición carnal de aquellos creyentes. Cuando leemos Hebreos 10:10 queda claro que la santificación posicional se basa en la muerte de Cristo.

Desde luego, existe también el aspecto experimental de la

santificación. Debido a que hemos sido puestos aparte, tenemos que incrementar este sentido de la separación en nuestras vidas diarias (1 Pedro 1:16). En el sentido posicional, nadie es más santificado que otro, pero en el aspecto experimental es perfectamente normal hablar de que un creyente está más santificado que otro. Todas las exhortaciones del Nuevo Testamento respecto al crecimiento espiritual son pertinentes en esta faceta progresiva y experimental de la santificación.

Hay también un sentido en que no estaremos totalmente aparte con Dios hasta que nuestra posición y práctica se pongan de perfecto acuerdo, y esto ocurrirá solo cuando veamos a Cristo y seamos como Él es (1 Juan 3:1-3). Por tanto, hay un aspecto de la santificación que, con frecuencia, se llama último o futuro en el cual espera nuestra completa glorificación con cuerpos resucitados (Efesios 5:26-27; Judas 24-25).

LA SEGURIDAD DEL CREYENTE

La cuestión de la seguridad eterna del creyente hay que pensarla tan solo en relación con el verdadero creyente. Desde luego ahí está el problema de que muchas veces nos es difícil decir si tal persona, que parece que ha rechazado la verdad una vez que manifestó sostenerla, fue salva, en realidad. También sabemos que habrá cristianos carnales en el cielo, cuyas obras, en su mayoría, han sido madera, heno y hojarasca, pero que, a pesar de ello, han sido salvos, según 1 Corintios 3:15. Cuando miramos sus vidas parecería como si llegásemos a la conclusión de que algunos de ellos, al menos, han perdido la salvación. Pero, a pesar de estos asuntos prácticos, la cuestión de la eterna salvación es todavía esta: ¿Puede un verdadero cristiano perder alguna vez su salvación, ya sea por pecar o por dejar de creer, o por alguna otra circunstancia?

La evidencia de la seguridad eterna

La doctrina de la seguridad, en último análisis, depende de lo que Dios ha hecho, de modo que si uno puede perder la salvación, entonces ciertas obras de Dios tendrían que ser desechas o invertidas. Por ejemplo:

1. Cuando somos salvos, el Espíritu Santo nos coloca en el cuerpo de Cristo (1 Corintios 12:13), pero, entonces, si un creyente puede perder su salvación, tendría que ser quitado del cuerpo en aquel momento; tal idea ni siquiera se insinúa en la Biblia.

2. Además, el Espíritu Santo sella al creyente hasta el día de la redención (Efesios 1:13; 4:30), y el perder uno la salvación sería como romper dicho sello antes del día de la redención.

3. Por otra parte, es propósito del Padre guardarnos, a pesar de todas las cosas (Juan 10:28-30; 13:1) y, por último, presentarnos sin mancha en su propia presencia (Judas 24).

4. Pero, indudablemente, la referencia de la Biblia más convincente, acerca de la seguridad, está en Romanos 8:29-39. Observemos cómo se amontona la evidencia. En primer lugar, los que fueron predestinados, llamados y justificados se dice que son también glorificados. El tiempo pasado puede emplearse para un acontecimiento futuro solo porque resulta tan seguro que nadie se perderá. La cadena desde la presciencia, a través de la predestinación, el llamamiento y la justificación, permanece intacta hasta que todos sean glorificados. En segundo lugar, nadie puede acusar de nada al elegido de Dios para que pierda su salvación porque semejante acusación tendría que ser presentada ante el Juez (Dios) que es el mismo que justifica (v. 33); es decir, el Juez ya nos ha declarado justos (porque justificar significa declarar justo). Si alguno aporta una acusación, ¿qué posibilidad tendría de éxito cuando el acusado ya fue declarado justo por el Juez que preside? En tercer lugar, nuestro Señor está intercediendo por nosotros continuamente y eso, de por sí, ya basta para mantenernos salvos (v. 34; cp. 1 Juan 2:1). En cuarto lugar, el capítulo se cierra con la promesa segura y definitiva de que nada (ni nosotros mismos, "ni ninguna otra cosa creada", v. 39) puede separarnos del amor de Dios que es en Cristo Jesús nuestro Señor. ¡Eso anula toda escapatoria!

Por otro lado, desde luego, hay gente que puede, y a veces lo hace, creer en la seguridad eterna y, al mismo tiempo, permitirse el vivir en pecado, sin temor a perder la salvación. Nunca debe obrarse así; la verdad es que ello debería hacernos tan agradecidos que deberíamos desear vivir vidas santas (Romanos 6:1-14). Pero, como cualquier otra verdad, esta puede ser falsificada mediante la perversión. Prácticamente, uno no debería necesitar temer el perder su salvación con tal que sepa que podrá ser salvo otra vez creyendo de nuevo. De suerte que, incluso una doctrina de "inseguridad" puede engendrar libertinaje en el vivir.

Algunos pasajes problemáticos

La mayoría de los pasajes problemáticos que parecieran enseñar que no hay seguridad se escribieron en el contexto de problemas prácticos en las iglesias. Incluso en los tiempos del Nuevo Testamento era difícil saber qué individuos eran salvos realmente, en un grupo mixto de iglesia, de modo que a veces un escritor bíblico exhortaría a ciertas personas a dar pruebas de su fe y a otras a estar seguras de que habían ejercitado la fe salvadora.

Por ejemplo, Hebreos 6:4-6, aunque se ha interpretado de varias formas, es como una advertencia para los creyentes que se encontraban, según parece, contentos de permanecer en su estado de inmadurez. Por eso el escritor dice "vamos adelante a la perfección [madurez]" (v. 1) porque no hay camino que seguir en la vida cristiana si no es ese. Tú puedes quedarte parado o continuar. Si este pasaje estuviese enseñando que es posible perder la salvación, entonces también se nos diría de forma concluyente que es imposible ser salvo por segunda vez. Prácticamente, pues, enseña demasiado para una situación de "inseguridad".[5]

Juan 15:6, en opinión del autor, constituye una referencia a la quema de obras inútiles delante del tribunal de Cristo (como en 1 Corintios 3:15), pero la salvación queda asegurada incluso si esto sucede. Muchos toman estos dos pasajes como alusivos a quienes solo hicieron profesión de fe y no nacieron verdaderamente de nuevo.

---

5. Para ampliar el tema, véase Charles C. Ryrie, *Teología bíblica del Nuevo Testamento* (Grand Rapids: Editorial Portavoz), pp. 225-226.

Santiago 2:14-26 dice que una fe que no trabaja no es la clase de fe que salva en primer lugar. Lo que se dice en este pasaje es similar a los billetes americanos para los trenes y autobuses donde hay dos partes, una de las cuales dice: "no es válido, si se despega" y la otra dice: "no es válido para el pasaje". Las obras no valen para el pasaje, pero la fe despegada, o separada de las obras no es una fe salvadora.

Un libro de este tamaño no puede discutir todos los pasajes que se requieren en este asunto, pero existen buenos comentarios para poder consultar y estudiar más el tema.

Los términos de la salvación

Más de 200 veces en el Nuevo Testamento se dice que la fe constituye la base de la salvación como condición única, fe que tiene como objeto al Señor Jesucristo que murió como sustituto nuestro por el pecado (Juan 3:16; Hechos 16:31). La salvación es un don gratuito; por lo tanto, cualquier declaración de los términos ha de evitar cuidadosamente la implicación de que nosotros damos algo a Dios. El Señor lo da todo, en tanto que nosotros recibimos ese don mediante la fe (Juan 1:12).

La predicación de un evangelio distinto del de la salvación por gracia mediante la fe cae bajo el anatema de Gálatas 1:8-9. Esto significa que se detesta completamente por la inutilidad de dicho evangelio falso (más tarde la palabra significó excomunión). Esta es la forma más fuerte de advertencia que puede darse y, sin embargo, a través de los siglos y en nuestros días ha habido y hay predicadores de muchos falsos evangelios.

Creer y someterse

La cuestión que aquí nos ocupa es sencilla. ¿Debe haber una entrega a Cristo, como Señor de nuestras vidas, al objeto de ser salvos? Muchos están predicando hoy que sí. Por ejemplo, un conocido autor, al escribir sobre las formas erróneas de presentar el evangelio, pregunta: "¿O hay que dejarles suponer que todo cuanto tienen que hacer es confiar en Cristo como portador del pecado, sin darse cuenta de que ellos también deben negarse a sí mismos y entronizarle como su Señor (ese error que podemos calificar de 'cree, no más')?".[6] En otras palabras, uno tiene que creer *y* dar a Cristo el control de nuestra vida para poder ser salvos. A veces se dice solamente que debe haber una disposición a someterse y rendirse, aunque el rendir esa vida no tenga efectividad. Esto es lo que, en efecto, da pie a la existencia del cristiano carnal (de los que parece haber muchos), pero si se requiere la disposición en el momento de creer para ser salvos, ¿cuánta disposición hace falta para serlo? ¿Puede un individuo, por ejemplo, que está convencido en su mente de que el fumar es malo (sencillamente por razones médicas) no ser salvo hasta que, al menos, esté dispuesto a dejar de fumar? O, si la rendición es necesaria para ser salvo, ¿por qué pide el Nuevo Testamento a los *creyentes* que se rindan o sometan (Romanos 12:1)?

Las razones de este punto de vista son, al menos, cuatro: 1) Es un sincero intento de tratar de eliminar superficialidad en las profesiones de fe. 2) No entiende los varios significados de la palabra *Señor*. 3) No queda claro en el concepto de discipulado. 4) Trata de contrarrestar el "fácil creísmo", o "cree, no más". Pero, desde luego, el asunto, en última instancia, puede ser decidido solo a base de lo que la Biblia enseña acerca del creer y de la rendición.

La superficialidad es, desde luego, algo que el Señor mismo dijo que encontraríamos al predicar la Palabra (Lucas 8:12-15). Muchos casos de creyentes que no se han entregado se encuentran con facilidad en las cartas a las siete iglesias, que encontramos en Apocalipsis 2-3. (Observa cuidadosamente, por ejemplo, Apocalipsis 2:13-14, 19-20.) Los creyentes carnales cuyas vidas no merecerán recompensa no obstante serán salvos (1 Corintios 3:15). Por mucho que uno desee ver a la iglesia libre de falsos cristianos y de cristianos superficiales, resultará sencillamente imposible, según nos enseña la Biblia.

La palabra *Señor* tiene varios significados. A veces se considera sencillamente como un título de respeto (Juan 4:11) y a veces el de dueño (Lucas 6:46), pero, de modo corriente, en

---

6. J. I. Packer, *Evangelism and the Sovereignty of God* (Chicago: Inter-Varsity, 1961), p. 89.

el Nuevo Testamento es el equivalente del nombre veterotestamentario para Dios, *Yahveh.* Cuando Jesús de Nazaret decía ser Dios y cuando sus seguidores le daban el título de *Señor* (Señor Jesús), aquello indicaba de modo claro que era el Yahveh del Antiguo Testamento encarnado en Jesús de Nazaret. Significaba que era el Dios-hombre. La gente de su día no se habría molestado en lanzarle piedras ni en crucificarle, si hubiera dicho sencillamente que era un tal Señor Jesús o un tal Dueño o Amo Jesús, pero cuando dijo que era Yahveh Jesús, entonces se colocó en una categoría distinta.

Por supuesto que su señorío, en el sentido de la divinidad, es absolutamente esencial para la obra de salvación por cuanto el Salvador habría de ser Dios-hombre para poder salvar. Tenía que ser humano para poder morir y tenía que ser Dios para efectuar de modo eficaz ese pago por el pecado de la humanidad, muriendo en lugar de ellos. Ese es el significado de Romanos 10:9 y de Hechos 2:36.

Un discípulo es uno que aprende, y puede haber, como ocurrió con Judas, discípulos de Jesús que no sean salvos. El hacer discípulos requiere el bautizar a quienes creen y el enseñarles continuamente (Mateo 28:19). La confusión aparece cuando intentamos tomar las condiciones del crecimiento espiritual y convertirlas en condiciones para ser discípulos, o cuando hacemos las características de la vida de discipulado condiciones para entrar en la vida de discípulo. Observemos cuidadosamente que el Señor distingue estos dos aspectos del discipulado en dos pequeños sermones colaterales. En Lucas 14:16-24, el Señor relata la parábola de la gran cena a la que se podía entrar sin restricciones, pues era libre para todos. En Lucas 14:25-33, enseña las restricciones de la vida que prosigue tras Él en el continuo proceso del discipulado, y son muy estrictas. El hacer de estas condiciones para la vida de servicio requerimientos para adquirir la vida es confundir totalmente el evangelio ensuciando las aguas claras de la gracia de Dios con las obras del individuo. Incidentalmente, vale la pena observar que las características del discipulado requieren acción, no simplemente la disposición para actuar.

¿Hay ejemplos en la Biblia de creyentes genuinos que no se han entregado, que no han rendido sus vidas? Sí, los hay. Lot a quien el Nuevo Testamento llama "justo" (2 Pedro 2:7) es un ejemplo de un rechazo continuo del señorío de Dios en su vida. Pedro dio un ejemplo de rechazo temporal del señorío del Salvador en su vida cuando dijo: "Señor, no" (Hechos 10:14). Quizás el ejemplo más claro se vea en los creyentes de Éfeso (Hechos 19:8-19). Hacía dos años o más que algunos eran salvos antes de que trajesen sus libros de magia para ser quemados, confesando en la ocasión que el tener dichos libros y haberlos usado era un pecado. En otras palabras, había gente en Éfeso que aceptó a Cristo como Salvador, sabiendo que deberían eliminar sus libros de magia, pero no lo hicieron, algunos de ellos durante dos años después de haber sido convertidos; y, sin embargo, su negativa a hacerlo no les impidió el ser creyentes. Su salvación no dependió de la fe más la voluntad de dejar el uso de la magia.

¿Es fácil creer? No, si uno se da cuenta de lo que implica tal fe. Por un lado, el objeto de nuestra fe requiere ciertas demandas increíbles porque pedimos a la gente que crea en una persona a quien no han visto nunca ni ha visto ninguno de los que vivimos hoy, y el relato de su existencia y hechos fue escrito por sus amigos. ¿Es realmente fácil creer en un Cristo que no hemos visto? Por otro lado, el contenido de nuestra fe pide que creamos cosas increíbles. Pedimos a la gente que crea en dicha persona no vista para el asunto del perdón de sus pecados y para el problema de su vida eterna a base de la muerte de dicha persona que dice ser el pago por el pecado. ¿Es eso fácil?

Si alguna vez tienes la tentación de añadir algo a la sencilla gracia de Dios (incluso por buenos motivos), trata primeramente de presentarlo claramente ante la gente, diciendo cuál es el objeto de nuestra fe y qué es lo que pedimos que crean acerca de Él. Entonces indica a la gente la persona de Jesús, del Señor Jesús, el Dios-hombre, Salvador, que es quien ofrece vida eterna y perdón de pecados a todos los que creen. Esto es lo que el Señor mismo hizo al comenzar su ministerio cuando habló con un pecador. Cristo dijo a la mujer samaritana: "Si conocieras el don de Dios, y quién es el que te dice: Dame de beber, tú le pedirías, y él te daría agua viva" (Juan 4:10). Todo cuanto le pidió a ella fue que le reconociese como el Cristo (v. 26) y recibiese el *don* de la vida eterna de Él. No le dijo que enderezase su vida tortuosa y complicada de pecado para ser salva.

Creer y ser bautizado

El bautismo es una forma importante dada por Dios para testificar de la fe de uno, pero no es una condición para ser salvo. Tú puedes llegar al cielo sin ser bautizado (como pasó con el ladrón en la cruz). Hay varios versículos que utilizan los que requieren el bautismo para la salvación (y se ignoran centenares de otros versículos). Hechos 2:38 puede traducirse: "Sed bautizados a causa de la remisión de los pecados", indicando la frase preposicional la base o apoyo más bien que el propósito (como "se busca por asesinato"). Aunque no sea el uso acostumbrado tiene que tener tal significado en Mateo 12:41, por ejemplo. La remisión de los pecados, entonces, es la base para ser bautizado y no la intención del bautismo.[7]

Hechos 22:16 parece decir que el bautismo lavó los pecados de Pablo. Sin embargo, el versículo no dice eso claramente cuando se hace un diagrama del mismo. Tiene dos imperativos (bautízate y lava) y dos participios (habiéndose levantado y habiéndole invocado) en el versículo que, puestos en pares, dicen así: levántate, habiendo sido bautizado; lava tus pecados, habiendo invocado el nombre del Señor. En otras palabras, el lavado de los pecados y el bautismo no están conectados en relación de causa y efecto. El levantarse es a causa del bautismo acontecido, y el lavarse del pecado se debe a haber invocado el nombre del Señor.

Marcos 16:16 no queda bien comprobado en los mejores manuscritos griegos y muy probablemente no formó parte del escrito original de Marcos. Lo que no se puede hacer es formular una doctrina como el bautismo necesario para la salvación,

---

7. Archibald T. Robertson, *Word Pictures in the New Testament* (Nashville: Broadman, 1943), 3:35-36.

apoyándose en ese controvertido texto. Si está inspirado, entonces sería bueno que quienes enseñan la regeneración bautismal observen que el bautismo se omite en la parte final del versículo. Observamos que la enseñanza de que el bautismo es necesario para la salvación se basa en pasajes que tienen un sentido discutible. Las declaraciones precisas del Señor y de los apóstoles requieren la fe en Cristo solamente, según vemos en Juan 6:29 y Hechos 13:39.

Arrepentirse y creer

Arrepentirse es cambiar de parecer. Sin embargo, esto define solamente la palabra, no el concepto, porque hay que preguntarse: cambiar el parecer, ¿acerca de qué? Y depende de cómo contestes a esa pregunta el que el arrepentimiento pueda ser sinónimo al concepto de creer en Cristo, o pueda ser un requerimiento adicional para la salvación. Si el arrepentimiento se entiende como significando el cambio de idea respecto al pecado —lamentando tu pecado— esto no te será suficiente para la salvación. Hay muchos delincuentes y criminales en las cárceles, y fuera de ellas, que se arrepienten en ese sentido. Sienten haber hecho cosas malas, pero no significa ello que dejan de continuar en su camino de delito. La gente puede sentir sus pecados sin querer aceptar el perdón que le ofrece el Salvador.

Pero si el arrepentimiento comporta el cambio de idea respecto al pecado particular de rechazar a Cristo, entonces esa clase de arrepentimiento sí salva, y, desde luego, es equivalente a tener fe en Cristo. Eso es lo que Pedro pidió a la multitud que hiciera en el día de Pentecostés. Tenían que cambiar su parecer respecto a Jesús de Nazaret. Con anterioridad ellos le habían considerado solo como un ser humano blasfemo que decía ser Dios; ahora cambian su idea y le ven como el Dios-hombre Salvador en quien iban a confiar para su salvación. Esa clase de arrepentimiento salva, y todo el que es salvo se ha arrepentido en tal sentido.

Hay un tercer uso del concepto de arrepentimiento y es en la vida cristiana. Un cristiano necesita arrepentirse, esto es, cambiar su parecer en cuanto a un pecado particular que haya cometido. Si se arrepiente, entonces confesará ese pecado, o pecados, y experimentará el perdón.

A veces los himnos y cánticos evangélicos expresan buena teología, y otras veces mala. Pero hay, al menos, un cántico que sí declara de forma terminante y sencilla este requerimiento para ser salvo; se titula "Confía solamente en Él" y esa es exactamente la verdad: creer y confiar en Cristo. La fe es la *única* condición y cualquier cosa que se le añada se convierte en obra unida a la gracia de Dios. La *fe* es la condición y solo la *fe* en Él puede salvar. Esta es la gracia de Dios.

8

¿QUÉ ES LA IGLESIA?

Los cristianos, tanto laicos como teólogos, parecen estar confundidos hoy acerca de la iglesia. Muchos creyentes saben poco más acerca de la iglesia, después de considerarla solamente como el lugar particular adonde van a adorar, en tal o cual calle. Los teólogos están confundidos acerca de asuntos importantes tales como cuándo comenzó la iglesia, y los del clero se encuentran divididos en asuntos de gobierno, finalidades y actividades en la iglesia. Sumado a todo esto se encuentra la sospecha de que la iglesia puede haber perdido enteramente su utilidad, y de que deberíamos emplear otros medios para hacer la obra del Señor.

Con respecto a esta última acusación, digamos que Dios no ha acabado con su iglesia, por herética o mundana que pueda parecer, ya que Cristo trata todavía de operar por medio de ella (Apocalipsis 2-3). El hogar y la iglesia son las dos solas "instituciones" ordenadas por Dios para llevar a cabo su obra. Esto no quiere decir que Dios no utilice otras organizaciones en su programa, pero hay que enfatizar el hecho de que la iglesia es de principal importancia en su propósito. Cuando abandonamos la iglesia, abandonamos la organización de Dios (1 Timoteo 3:15).

¿Qué incluye el concepto de iglesia?

La palabra griega que nosotros traducimos por *iglesia* se compone de dos palabras que significan "llamar afuera", de modo que viene a significar una reunión o asamblea. Pero, como ocurre en tantas palabras importantes, necesita una calificación: ¿la asamblea de quiénes?

1. Algunas veces significa (incluso en el Nuevo Testamento)

una asamblea de la ciudad, de gente del pueblo, llamada a reunirse por un propósito político (Hechos 19:32, 39, 41).

2. Al menos una vez se refiere a la reunión de la gente judía en sus asambleas en el desierto (Hechos 7:38).

3. Más frecuentemente la palabra indica un grupo local de cristianos que viven en un cierto lugar (1 Corintios 1:2; 1 Tesalonicenses 1:1; Apocalipsis 1:11 y muchos más).

4. El Nuevo Testamento da a esta palabra un sentido técnico cuando se refiere a la iglesia universal a la que los creyentes, y solamente los creyentes, pertenecen; esto es lo mismo que decir "el cuerpo de Cristo" (Mateo 16:18; Efesios 1:22-23; 3:10, 21; 5:23, 25, 27, 29, 32; Colosenses 1:18; Hebreos 12:23).

Resumiendo: el significado de la palabra *iglesia* es asamblea. La clase de asamblea hay que determinarla según el pasaje en que la palabra se use. La doctrina de la iglesia cristiana viene afectada tan solo por los usos de los apartados 3 y 4 anteriormente mencionados.

LA IGLESIA LOCAL

¿Qué es una iglesia local?

Hay mucha discusión hoy acerca de lo que se necesita para constituir una iglesia local. ¿Es la iglesia simplemente la reunión de dos o tres creyentes en el nombre de Cristo? ¿Es mucha o poca la organización que se precisa? ¿Es el bautismo necesario para ser miembro de la iglesia? Desgraciadamente, el Nuevo Testamento no facilita una definición formal de la iglesia local, pero sí describe los rasgos normales del funcionamiento de una iglesia o asamblea local. Y es precisamente a partir de estas características regulares de las iglesias locales como podemos formular, al menos, una definición descriptiva. Considerando en conjunto los rasgos de las iglesias locales, vemos en el Nuevo Testamento lo que puede ayudarnos a proponer la definición siguiente: Una iglesia local es la asamblea de creyentes que confiesan a Cristo, que han sido bautizados y que se han organizado para hacer la voluntad de Dios. Observemos: 1) Debe haber una declaración de la fe porque no puede pertenecer a la iglesia cualquiera que viva en la localidad. 2) El Nuevo Testamento no sabe nada de miembros no bautizados en la iglesia. 3) Las iglesias se organizaban tan pronto como era posible (Hechos 14:23). Digamos que la reunión informal, sin organizar, de fraternidad o amistad de creyentes, no constituye una iglesia. 4) Existe un propósito, que es el hacer la voluntad de Dios, lo cual se manifiesta de muchas maneras (como la observación de ciertas ordenanzas que están abiertas y a disposición del ministerio de todos los grupos de cualquier edad, en todas las partes del mundo, etc.). Si esta es una definición aceptable de la iglesia local, entonces el que dos o tres se reúnan para tener comunión no constituye una iglesia porque tales reuniones no están comúnmente organizadas, ni ansiosas de ministrar a grupos de cualquier edad, incluso en su propia vecindad. Además, una escuela cristiana u organización cristiana extra-eclesiástica no califica por su ministerio selectivo, es decir, que todos los cristianos no podrían asociarse con dicha institución u organización. ¿Podemos imaginar una escuela cristiana abriendo sus puertas de par en par a todos sin unos requisitos de ingreso?, o ¿podemos imaginar los problemas de un ministerio juvenil si en el círculo entran los jubilados? ¿Has observado que hoy, frecuentemente, la crítica de la iglesia arranca de aquellos que están asociados con organizaciones cuyo trabajo se vería seriamente afectado si tuvieran que abrir las puertas a todo el mundo? Naturalmente, se puede ser más efectivo y tener más "éxito" si se hace una selección, pero si se tiene que recibir a la gente y tratar de ayudarla sin restricciones, entonces, como ocurre en ciertas iglesias locales, no se puede tener éxito siempre.

Desde luego, esta definición permite cierta flexibilidad. No exige que una iglesia local se reúna en un edificio que se haya preparado especialmente para ello. No indica qué clase de reuniones ni cuántas han de celebrarse para constituir una iglesia. Prácticamente no especifica el modo del bautismo ni la clase especial de oficiante (aunque quizá podría y debería; veremos de ello más adelante). Trata de diferenciar principalmente a la iglesia local de otros grupos, incluso si están relacionados con la iglesia.

¿Quiénes son los dirigentes de la iglesia?

Es un requerimiento divino que la iglesia tenga sus dirigentes (Hebreos 13:7, 17). La organización no es una cosa mala o carnal. La gente se va a los extremos en este asunto. Algunos creen que cuanta menos organización tanto mejor, aunque en la práctica la obra se perjudica por falta de organización. Otros se van al otro extremo y se han organizado tan extremadamente, que resulta difícil, si no imposible, para la Cabeza de la iglesia dejarse oír. No obstante, el Nuevo Testamento aprueba la existencia de ciertas clases de dirigentes.

1. *Ancianos.* Sin duda, los ancianos eran los principales dirigentes de las iglesias del Nuevo Testamento. Aunque no todos están de acuerdo, parece que los ancianos y los obispos ocupaban la misma posición en la iglesia: el término *anciano* enfatiza más el oficio, mientras que el término *obispo* enfatiza más la función de tal oficio, es decir, la de vigilancia general. Al menos, en Éfeso estos títulos eran equivalentes (Hechos 20:17, 28). Además de la vigilancia general de la obra, los ancianos gobernaban (1 Timoteo 5:17), guardaban y enseñaban la verdad (Tito 1:9), supervisando los asuntos financieros (Hechos 11:30).

El asunto de cuántos ancianos había en cada asamblea ha sido muy discutido, pero parece claro que había varios ancianos en cada ciudad donde había iglesias (Hechos 14:23; Filipenses 1:1), si bien es discutible si lo que se quiere decir es que había varios ancianos en cada casa-iglesia o posiblemente un anciano en cada iglesia individual (y de esta forma una pluralidad en cada ciudad). Observemos 1 Timoteo 3, donde el obispo (en singular) se presenta en los versículos 1-7; luego los diáconos (en plural) aparecen en los versículos 8-13. Los ancianos eran, al parecer, ordenados o separados para su especial ministerio en la iglesia (1 Timoteo 4:14; Tito 1:5).

Las calificaciones para ser anciano se dan con gran detalle en 1 Timoteo 3:1-7 y en Tito 1:5-9. El primer pasaje (que resulta el más detallado) hace la siguiente lista: irreprensible (no abierto a la crítica), marido de una sola mujer (puede significar una mujer para siempre, ya que el griego es el mismo que en 1 Timoteo 5:9 y ya que la poligamia era desconocida entre los griegos y los romanos, o podía excluir al que se volviera a casar después del divorcio), sobrio (firme y con calma), prudente (de mente sana), decoroso, hospedador, apto para enseñar, no dado al vino, no pendenciero (sin violencia física), no codicioso de ganancias deshonestas, amable (no contencioso), no avaro, que gobierne bien su casa (el pequeño círculo del hogar es una prueba de cómo va a gobernar la iglesia), no un neófito (un convertido nuevo, inmaduro), que tenga un buen testimonio de los de afuera. El pasaje de Tito añade: no soberbio (arrogante), no iracundo (que se le calienta la cabeza), amante de lo bueno (la gente y las cosas), justo (recto), santo (puro) y dueño de sí mismo (que se controle).

La importancia de tan gran cantidad de detalles no hay que echarla en saco roto porque nos está diciendo que es de grandísima importancia el que tengamos hombres calificados para guiar la iglesia y que es mejor tener pocos ancianos que estén calificados a tener muchos ancianos sin esas cualidades.

2. *Diáconos, subordinados a los ancianos.* La palabra *diácono* significa servidor; si bien todos los cristianos pueden servir, algunos de ellos son reconocidos oficialmente en el Nuevo Testamento como siervos señalados en la iglesia. Aunque ayudantes de los ancianos (Hechos 6:1-6) constituían un grupo oficialmente reconocido (Filipenses 1:1) y las calificaciones para estos diáconos, aunque no tan detalladas como las de los ancianos, incluían, realmente, algunas de las mismas exigencias. Además, se dice que los diáconos no han de tener "doblez" (1 Timoteo 3:8), lo cual puede indicar que los diáconos tenían más contacto cara a cara y casa a casa con los miembros del grupo local por administrar ayuda o por visitar a los enfermos, de modo que había de recordarles especialmente que no se podía decir una cosa a una persona y luego otra cosa a otra persona. El hecho de que los diáconos no vengan mencionados en el pasaje paralelo de Tito 1 no indica que eran en ninguna manera opcionales, sino que puede indicar, o bien que las iglesias de Creta no eran lo suficientemente numerosas como para requerir la presencia de más ancianos que les guiaran, o bien que tenían diáconos, pero estaban faltos de ancianos.

3. *¿Había diaconisas?* Solo dos versículos del Nuevo Testamento podrían quizás apoyar la existencia de diaconisas en aquellos días. En Romanos 16:2 se llama a Febe "servidora" (y la palabra es *diácono*). La cuestión está en si este es un uso de la palabra oficial (diaconisa) o no lo es (servidora). Probablemente, no es oficial (como en 1 Corintios 16:15). El otro versículo importante es 1 Timoteo 3:11 donde se mencionan a ciertas mujeres. La cuestión es si estas son mujeres de diáconos o son diaconisas (la palabra en el original es sencillamente "mujeres"). Si eran diaconisas, habría que esperar que se les mencionara después del versículo 13 cuando termina el asunto de los diáconos más bien que insertarlas justamente en medio del párrafo que trata de los diáconos. Todo ello parece señalar a la conclusión de que eran las esposas de los diáconos. Es sumamente dudoso que existiera el oficio de diaconisa en la iglesia primitiva.[1]

4. *No había en el Nuevo Testamento, desde luego, ningún oficio de administrador o apoderado.* Y, sin embargo, las iglesias en el día de hoy consideran necesario tener a semejantes personas para controlar la propiedad en nombre del grupo. Las iglesias del Nuevo Testamento que se reunían en casas particulares no tenían propiedad en nombre del grupo y las iglesias de hoy que se reúnen en sus propios lugares no deberían tener propiedades a nombre de individuos; de ahí la necesidad de apoderados en nuestros días. Por supuesto, 2 Corintios 8:17-24 menciona a un grupo de apoderados que administran el dinero. Desde luego, la necesidad de administradores durante el primer siglo, cuando la iglesia no era una institución legal, era totalmente diferente de la situación en que nos encontramos hoy.

Hemos hablado de los dirigentes de la iglesia, pero es importante recordar que el ministerio de la iglesia no se lleva a cabo solamente por ellos. Ellos gobiernan, guían, guardan y ministran, pero otras personas dotadas comparten el ministerio con ellos en una asamblea local. Puede haber aquellos que tengan

1. Para un completo estudio o discusión sobre el tema, véase Charles C. Ryrie, *The Role of Women in the Church* (Chicago: Moody, 1968), pp. 85-91.

el don de enseñar y no sean ancianos o diáconos. Es cierto que algunos dones, como el ayudar, el mostrar misericordia, el dar, y otros, no vienen limitados en su distribución a quienes ocupan los cargos en la congregación. No obstante, es verdad que los dirigentes comparten el ministerio mediante el uso de sus propios dones espirituales.

La cuestión que siempre surge es sencillamente esta: ¿Hasta dónde tenemos que seguir hoy el patrón o modelo de liderazgo del Nuevo Testamento? Está claro que no todos están de acuerdo sobre lo que es el modelo, ni tampoco en la forma en que hay que seguirlo lo más fielmente posible. El debate se ha venido arrastrando durante siglos y no se va a dilucidar en la vida de nadie. ¿No sería un buen procedimiento algo como esto?: 1) Intentar averiguar, tan cerca como nos sea posible, cuál es, en realidad, el patrón del Nuevo Testamento, y entonces, 2) trabajar hacia ese ideal en cualquier situación que nos encontremos. Parece haber poca justificación en separarse del patrón del Nuevo Testamento, y, por otra parte, puede no ser posible ponerlo en práctica en cada detalle de cada situación.

¿Cómo debe gobernarse una iglesia?

A semejanza del asunto de los dirigentes, se ha venido debatiendo el del gobierno, y lo mejor que podemos hacer en un manual como este es explicar los varios tipos de gobierno de iglesia que se siguen en la actualidad.

La forma jerárquica de gobierno. En este sistema (practicado de varias formas por la Iglesia Católica, la Episcopal, la Luterana y la Metodista), los obispos gobiernan la iglesia (aunque haya también ancianos y diáconos). Solo los obispos tienen el poder de ordenar, y aunque esta forma de gobierno no se encuentra en el Nuevo Testamento, surgió en el siglo II.

La forma de gobierno federal. En esta proposición la iglesia es gobernada por los ancianos (como entre los presbiterianos y algunas iglesias independientes) quienes tienen la autoridad de parte de la congregación. Es una forma representativa de gobierno en la que el pueblo gobierna, no directamente, sino a través de sus representantes, los ancianos. Se hace con frecuencia una distinción entre ancianos gobernantes (los que gobiernan, pero no predican ni administran las ordenanzas) y los ancianos que enseñan (los que predican y administran las ordenanzas (ver 1 Timoteo 5:17).

Argumentos en apoyo de ese tipo federal incluyen el hecho de que los ancianos fueron nombrados por los apóstoles (Hechos 14:23; Tito 1:5), de que obviamente había gobernantes sobre las iglesias, además de los apóstoles (Hebreos 13:7, 17), de que en materia de disciplina los dirigentes dieron instrucciones de cómo obrar (1 Corintios 5:1; 1 Timoteo 5:20) y de que los pasajes sobre la ordenación implican el sistema federal.

La forma de gobierno congregacional. Los seguidores de esta política creen que ningún ser humano, ni grupo de seres humanos, debe ejercer la autoridad sobre una asamblea local; por lo tanto, el gobierno debe estar en manos de los miembros mismos. Bautistas, evangélicos libres, discípulos y algunas iglesias bíblicas e independientes, siguen este modelo. Usualmente, los responsables de tales iglesias son pastores y diáconos. El pastor (corrientemente uno en cada iglesia) es ordenado para administrar las ordenanzas y es considerado frecuentemente como equivalente del anciano del Nuevo Testamento. Los diáconos (generalmente varios en cada iglesia) tienen responsabilidades de supervisar la buena marcha de la iglesia, o su bienestar. Algunos grupos ordenan diáconos, pero no permiten que ellos administren las ordenanzas. Tanto el pastor como los diáconos tienen que ser elegidos por votación de toda la congregación, y casi todas las decisiones que afectan a la vida de la iglesia son tomadas por la congregación (aunque implementadas por los dirigentes).

Los argumentos en pro de esta forma de gobierno incluyen muchos pasajes que hablan de las responsabilidades de toda la iglesia, como 1 Corintios 1:10 y Filipenses 1:27, los que parecen responsabilizar a todo el grupo de la iglesia en las ordenanzas, no solo a los dirigentes (Mateo 28:19-20; 1 Corintios 11:2, 20), la aparente inclusión de toda la iglesia en la elección de los dirigentes (Hechos 6:3, 5; 15:2, 30; 2 Corintios 8:19) y el hecho de que toda la iglesia estaba involucrada en el ejercicio de la disciplina (Mateo 18:17; 1 Corintios 5; 2 Tesalonicenses 3:14ss).

Bajo el sistema congregacional, el pastor frecuentemente viene considerado como el único anciano de la iglesia. Esto viene apoyado por el hecho de que las siete iglesias de Apocalipsis 2 y 3, tenían, al parecer, un solo dirigente (llamado "ángel", pero refiriéndose a un dirigente humano) y por el hecho de que en 1 Timoteo 3 la primera parte del pasaje habla del obispo (anciano) mientras que la segunda parte (versículos 8-13) menciona a los diáconos. Esto parecería indicar que había solamente un anciano en cada iglesia, aunque había varios diáconos. Quienes promueven el sistema federal señalan la mención de ancianos y diáconos (ambos en plural) en tales pasajes como Filipenses 1:1, que argumentan el caso de los ancianos y los diáconos en cada iglesia local.

La iglesia nacional. En algunos países, especialmente en Europa, el jefe del estado es también la cabeza de la iglesia y los dirigentes de la iglesia son nombrados por instrumentos del estado. Así ocurre con la Iglesia Luterana de Escandinavia y con la Iglesia de Inglaterra (Anglicana).

No hay gobierno. Probablemente, no hay ninguna iglesia que practique esto, en realidad, pero algunos dicen que no son gobernados por ningún ser humano, solo por Cristo que es la Cabeza. En la práctica, sin embargo, los dirigentes humanos juegan un papel decisivo, administrando los asuntos de la asamblea.

¿Cuál es la forma correcta? Esta es una pregunta que ha venido discutiéndose desde los primeros días de la iglesia, de tal forma que no podrá solucionarse fácilmente. No hay duda de que la iglesia tuvo un gobierno y, por tanto, el que no haya gobierno es contrario al patrón bíblico. De igual manera, sabemos que la iglesia y el estado romano estuvieron separados totalmente en los tiempos de la iglesia primitiva. También es verdad que la iglesia jerárquica fue un desarrollo de los tiempos posbíblicos, de modo que los sistemas federal y congregacional de gobierno son los que pueden decir que en algo son bíblicos. Y quizá, más bien que decir federal o congregacional, debería decirse federal y congregacional porque aparecen en el Nuevo Testamento elementos de ambas políticas. Desde luego, una iglesia no puede ser gobernada completamente por la congregación y ser estructurada federalmente al propio tiempo, pero una iglesia puede tener una estructura federal con la posibilidad de que ciertos asuntos sean tratados y decididos por la congregación.

Las ordenanzas de la iglesia

Aunque ordenanza y sacramento aparecen en el diccionario como sinónimos, hay algunas diferencias teológicas y prácticas en su significado. El sacramento se usa normalmente con la idea de comunicar gracia automáticamente al que participa de él. Prácticamente, el Concilio de Trento de la Iglesia Católica Romana dijo: "Un sacramento es algo que se presenta a los sentidos, que tiene el poder, por institución divina, no solo de significar, sino también de comunicar la gracia de modo efectivo". La ordenanza, por otro lado, aunque definida de varias maneras, no emplea, por lo general, el sentido de comunicar gracia efectivamente al participante. Usando la idea básica en la ordenanza de "rito o práctica prescrita", una definición aceptable de la ordenanza eclesiástica podría ser "un rito externo prescrito por Cristo para ser realizado por su iglesia". Semejante definición reduciría el posible número de ordenanzas a dos: el bautismo y la cena del Señor.

Se eliminaría, por ejemplo, el casamiento (aunque a veces se le llama ordenanza) sencillamente porque fue prescrito mucho antes de Cristo. De cualquier forma, sin argüir sobre la palabra misma, todo cuanto necesitamos estudiar aquí son las dos ordenanzas que todos están de acuerdo en admitir como las principales.

La cena del Señor. Varios grupos sostienen diferentes puntos de vista respecto a la cena del Señor. Los católico-romanos enseñan que el pan y el vino se convierten en el cuerpo verdadero y en la sangre verdadera de Cristo, aunque evidentemente no cambia su aspecto. Esta opinión se llama *transubstanciación* y, sin lugar a dudas, va en contra de la Escritura porque incluye la idea de que el cuerpo y la sangre de Cristo se ofrecen cada vez que se celebra la misa. En contraste con esto, la Biblia enseña claramente y de modo enfático que la muerte de Cristo fue completa, efectiva y realizada una vez para siempre (Hebreos 10:10;

9:12). Los luteranos sostienen que el participante comparte el cuerpo verdadero y de la sangre verdadera de Cristo "en, con y bajo la forma" de pan y vino, aunque no haya cambio en los elementos, lo cual llaman muchos *consubstanciación.* Otros creen (y creo que correctamente) que la cena es estrictamente una conmemoración (1 Corintios 11:24-25, cuando Pablo dice "en memoria"), sin que cambien los elementos de ninguna manera.

Al observar la cena del Señor se consideran varios propósitos:

1. Es un recuerdo de la vida y muerte de nuestro Señor. El pan simboliza su vida perfecta, que le calificó para ser un sacrificio aceptable por el pecado, y el cuerpo en que de modo real llevó nuestro pecado en la cruz (1 Pedro 2:24). El vino representa su sangre derramada por la remisión de nuestros pecados. No podemos nunca pensar en ver ese cuerpo otra vez ni otro derramamiento de sangre, de modo que la cena ha de ser un recuerdo.

2. La cena es un anuncio de estos hechos básicos del evangelio (1 Corintios 11:26).

3. La cena sirve para animar nuestra anticipación de la segunda venida de Jesucristo por cuanto se nos recuerda que la observamos hasta que vuelva otra vez (1 Corintios 11:26).

4. La cena debería recordarnos nuestra unidad con cada uno de los miembros del cuerpo de Cristo y la comunión que compartimos ya que somos miembros de ese cuerpo (1 Corintios 10:17).

¿Con qué frecuencia debería observarse la cena del Señor? Algunas iglesias lo realizan cada tres meses y normalmente la preceden con un servicio de preparación en algún día de la semana, antes del domingo, que es cuando se va a observar. Otros la practican una vez por mes, en tanto que otros piensan que deben observarla cada domingo. La verdad es que la Biblia no especifica claramente la frecuencia exacta de celebrar la santa cena, aunque, al parecer, los primeros creyentes lo hacían diariamente, inmediatamente después de Pentecostés. Esto no significa que lo observasen en cada casa donde se reunían cada día, sino que se celebraba cada día en algún lugar de la ciudad de Jerusalén (Hechos 2:46).

En Troas (Hechos 20:7) se observaba el domingo, pero el texto no dice explícitamente que se hiciera cada domingo, aunque tal conclusión sería fácil de aceptar según el pasaje. Pero, sea la que fuere la frecuencia con que se celebre, sería bueno celebrarla a veces en los servicios de la noche, no solo porque era una cena, sino porque, además, permitiría a quienes no pueden venir por la mañana participar de una forma regular. Y ya que es una de las cosas más importantes que una iglesia puede hacer, habría que conceder siempre amplio margen en la celebración y no "encasillarla" y despacharla con prisa.

El bautismo. El asunto del bautismo por agua presenta dos cuestiones. ¿Cómo debería practicarse (modo) y a quién habría que practicarlo (a creyentes adultos o también a niños)? Pero antes de sumergirnos en estas cuestiones, sería conveniente decir una palabra respecto al significado y de la importancia del bautismo.

Cualquier definición del bautismo habrá de ser lo suficientemente amplia como para incluir su empleo no solamente al bautismo cristiano, sino también el de judíos prosélitos, el bautismo del Espíritu, e incluso el extraño uso que encontramos en 1 Corintios 10:2. La mayoría de las definiciones se forjan en términos de la idea etimológica de inmersión o sumergir, pero una definición teológica del bautismo se entendería mejor en términos de identificación o de asociación con algo como un grupo, o mensaje, o experiencia. Esta idea encajaría en los variados usos del bautismo sin introducir la cuestión del modo.

A pesar de ello, el modo del bautismo ha sido y continúa siendo un asunto muy discutido. Y los argumentos contra la inmersión incluyen los siguientes:

1. La palabra griega *baptizo* tiene un significado secundario que es "poner bajo la influencia de", y, desde luego, el verter o rociar describe mejor el "venir sobre" que el "hundir".

2. Desde luego, si el bautismo ilustra la venida del Espíritu sobre una persona, entonces el verter o rociar agua encima de la cabeza describe mejor esta idea.

3. La inmersión habría sido muy improbable, si no imposible, en casos como los referidos en Hechos 2:41 (demasiada

gente para ser sumergidas), en Hechos 8:38 (muy poca agua disponible en un desierto), y en Hechos 10:47 y 16:33 (agua insuficiente en un hogar para la inmersión).

4. En Hebreos 9:10, la palabra "abluciones" (el griego tiene *bautismos*) se emplea para incluir toda suerte de rituales del Antiguo Testamento, incluso aquellos que requieren el rociamiento, así que la palabra no significa siempre inmersión exclusivamente.

5. El idioma griego tiene una palabra inequívocamente clara para significar *hundir*, y se pregunta: ¿por qué no se emplea tal palabra, si ese es el modo correcto de bautizar?

Los argumentos en pro de la inmersión incluyen los siguientes:

1. El primer significado de la palabra griega *baptizo* es inmersión.

2. La comprensión normal de las preposiciones "dentro" y "fuera de" (el agua) indicarían que la inmersión era lo que se practicaba.

3. El bautismo practicado a un prosélito del judaísmo fue una total inmersión (aunque realizada por uno mismo y no por otro); y esto indicaría que el bautismo cristiano se realizaría del modo acostumbrado (aunque llevado a cabo por otro en la persona bautizada).[2]

4. La inmersión describe mejor la importancia del bautismo que es morir a la antigua vida y resurgir a la nueva (Romanos 6:1-4).

5. La inmersión fue práctica universal de la iglesia primitiva y cada caso del Nuevo Testamento, o lo exigía o lo permitía (3.000 personas pudieron ser bautizadas en los diferentes estanques de los alrededores de Jerusalén en el día de Pentecostés).

6. La lengua griega tiene palabras para verter y rociar, pero estas no se usan nunca tratándose del bautismo.

Uno parece llegar obligadamente a la conclusión de que era la inmersión la forma bíblica. Parece que la inmersión era la forma de bautismo practicada por la iglesia primitiva universalmente.

---

2. Alfred Edersheim, *The Life and Times of Jesus the Messiah* (Grand Rapids: Eerdmans, 1953), 2:745-747.

Este es el significado más natural de la palabra empleada y del cuadro que ofrece la ordenanza. La primera excepción a la inmersión fue el derramamiento, no rociamiento, y fue permitido en casos en que no se podía sumergir, como las personas enfermas. La verdad es que el derramar se llamaba "bautismo clínico". Cipriano (200-257 d. C.) fue evidentemente el primero que aprobó el rociamiento, aunque no se practicaba generalmente hasta el siglo XII.

El otro asunto concierne a los individuos mismos que se bautizan, es decir, ¿solo creyentes o hay que bautizar también a los infantes? Los argumentos a favor del bautismo de niños incluyen:

1. La analogía entre la circuncisión (que, naturalmente, se practicaba a los niños) como rito iniciatorio al pacto viejo y el bautismo como iniciación al nuevo.

2. Los bautismos de familias enteras, indudablemente, debieron incluir a los infantes, como en Hechos 16:33.

3. El Nuevo Testamento parece hacer promesas a las familias en donde al menos hay un padre creyente, y, por lo tanto, el bautizar a los niños en tales familias parece muy apropiado (1 Corintios 7:14).

Los argumentos en contra del bautismo de infantes y a favor del bautismo de creyentes incluyen los que siguen:

1. Si el bautismo es un rito de iniciación debe administrarse tan solo a aquellos que han ejercitado la fe en Cristo y, por tanto, han sido hechos miembros de la familia de Dios. Solamente el nacimiento natural era preciso para convertirse en miembro de Israel, pero, desde que se precisa el nuevo nacimiento para ser miembro de la familia de Dios, entonces solamente los que manifiestan su fe conscientemente pueden ser bautizados.

2. Los bautismos en las familias, según el Nuevo Testamento, no especifican la presencia de niños.

3. No hay prueba decisiva para la práctica del bautismo de niños ni por judíos ni por cristianos en los tiempos apostólicos. Si el bautismo es la señal de asociación con Cristo y el cristianismo, entonces la señal solo debe ser usada por aquellos que han sido asociados. Y como la única manera de asociarse es mediante el acto de fe personal, fe en Jesucristo, entonces el

bautismo puede ser practicado tan solo por aquellos que han creído. Está claro, por ejemplo, que todos los de la familia del carcelero de Filipos tenían suficiente edad para poder oír y comprender la palabra del Señor que Pablo les predicaba (Hechos 16:32); por tanto, los que creyeron fueron bautizados, habiendo alcanzado una edad que les permitía entender inteligentemente. Podría incluso haber niños, pero nunca infantes.

¿Y qué del rebautismo? Solo hay un claro ejemplo de tal cosa en el Nuevo Testamento, y ese es el de los discípulos de Juan el Bautista que fueron más tarde bautizados con el bautismo cristiano, luego de haber oído y respondido al mensaje cristiano que les comunicaba Pablo (Hechos 19:1-7). Este incidente muestra que el bautismo llevado a cabo por Juan el Bautista y el bautismo cristiano no eran idénticos, y que, incluso si uno se ha bautizado antes, al llegar a ser creyente en Cristo ha de ser bautizado de nuevo como testimonio de su identificación con el nuevo mensaje y grupo.

El propósito de la iglesia

¿Qué es lo que Cristo espera de la iglesia? Aunque hay varias maneras en que podamos contestar a tal pregunta, he aquí unas cuantas sugerencias:

1. La iglesia local deberá mostrar siempre su amor por el Señor (Apocalipsis 2:4).

2. La iglesia ministrará a sus propios miembros de modo que se incite a que se amen y efectúen buenas obras (Hebreos 10:24).

3. La iglesia es el medio por el cual se lleva a cabo la gran comisión. Aunque el testificar y el enseñar pueden hacerse claramente y deben hacerse por cada uno de los miembros, esas son funciones de la iglesia local. Se debe predicar el evangelio en los servicios de la iglesia, de tal manera que cuando entren los incrédulos puedan oírlo (1 Corintios 14:24), y todas las epístolas dan testimonio del ministerio de enseñanza de la iglesia local.

4. La iglesia ha de cuidar de los necesitados de la congregación y de las viudas, huérfanos y pobres (Santiago 1:27; 1 Timoteo 5:1-16; 2 Corintios 8-9).

5. La iglesia ha de hacer el bien en el mundo (Gálatas 6:10).

6. Pero básicamente el propósito de la iglesia es el producir cristianos santos, maduros y estables. Llevar a cabo esto puede requerir a veces el ejercer cierta disciplina en el campo de la moral (1 Corintios 5) y el mantener la pureza de la doctrina (2 Timoteo 2:16-18).

LA IGLESIA UNIVERSAL

La iglesia universal es aquel organismo espiritual del que Cristo es cabeza y los creyentes son los miembros desde Pentecostés hasta el rapto. Es la iglesia de Cristo por cuanto Él la reclamó como suya en Mateo 16:18 y enseñó a los primeros que tenían que dirigirla (Juan 14—16) y fue quien envió al Espíritu Santo en el día de Pentecostés (Hechos 2:33) para formarla y fortificarla. En su resurrección y ascensión se convirtió en Cabeza de su cuerpo, que es la iglesia (Efesios 1:20-23), otorgándole dones (Efesios 4:8-11) y preparándola para ser su esposa, sin mancha ni arruga (Efesios 5:26-27).

En relación con la predicción de Cristo, respecto a su iglesia (Mateo 16:18-19), surgen varios problemas de interpretación, y uno es lo que significa la piedra sobre la que Él la construye (v. 18). Los católico-romanos contestan que es Pedro mismo, opinión que resulta insostenible, sencillamente basándonos en que Pedro es masculino y piedra es femenina. Incluso Pedro admite que Cristo es la piedra, no él, sobre la que se edifica la iglesia (1 Pedro 2:4-8). Esto sería suficiente para mostrar que la interpretación de la piedra es Cristo (véase también 1 Corintios 3:11) o tal vez la confesión que Pedro hiciera en aquella ocasión referente a Cristo, confesión que debe hacer toda persona que se convierte en miembro de la iglesia de Cristo.

El otro problema se centra en el poder de los discípulos para atar y desatar (Mateo 16:19), debiendo observar que se refiere a cosas, y no a personas, para lo que reciben el poder, pues el texto dice literalmente: "Todo cuanto atares en la tierra ya habrá sido atado en el cielo" y lo mismo para el desatar. La misma traducción se aplica a palabras similares de Juan 20:23, en relación con el perdón y la retención de los pecados. El caso en ambos versículos no es que los discípulos tengan un poder inherente para atar, desatar, perdonar o retener, sino que anuncian y declaran lo que ya ha sido hecho en el cielo. Dios inicia tales cosas y los apóstoles las anuncian. Un ejemplo de pecados retenidos puede ser el de Hechos 5:1-11. Aunque pueda haber similitudes hoy en las responsabilidades de los dirigentes de las iglesias, estas prerrogativas pueden haber sido exclusivas de los apóstoles.

Algunas ilustraciones de la iglesia universal

Las relaciones entre Cristo y su iglesia se ilustran por medio de ciertas figuras intrigantes del Nuevo Testamento, cada una de las cuales merece un detallado estudio, aunque en este libro solo podemos mencionarlas someramente.

1. Cristo es el pastor y nosotros somos sus ovejas (Juan 10). Su cuidado por nosotros y nuestra seguridad en Él constituyen los rasgos más sobresalientes de esta figura.

2. Cristo es la vid y nosotros los pámpanos (Juan 15) y el fruto se produce en tanto que nosotros sacamos fuerza de la vid.

3. Cristo es la piedra angular y nosotros somos las piedras del edificio (Efesios 2:19-21). La piedra angular marca la dirección de todo el edificio y, desde luego, se coloca solo una vez.

4. Cristo es el Sumo Sacerdote y nosotros somos un reino de sacerdotes (1 Pedro 2). Como sacerdotes, podemos ofrecernos nosotros mismos, nuestra sustancia y nuestro servicio (Romanos 12:1; Hebreos 13:15-16).

5. Cristo es la Cabeza y nosotros somos los miembros de su cuerpo (1 Corintios 12). Como Cabeza, Él dirige; como miembros nos servimos los unos a los otros por medio de los dones espirituales que Él, como Cabeza, da.

6. Cristo es el último Adán y nosotros somos la nueva creación (1 Corintios 15:45). Por fe, estamos colocados en Cristo, el último Adán, para participar de su resurrección en vida y poder (Romanos 5:19).

7. Cristo es el esposo y nosotros somos la esposa (Efesios 5:25-33; Apocalipsis 19:7-8). Amor eterno y lo íntimo de las relaciones entre esposo y esposa constituyen, obviamente, los puntos de esta ilustración.

8. Cristo es el heredero y nosotros los coherederos (Hebreos 1:2; Romanos 8:17). Esto nos asegura la participación de todas las glorias que serán suyas cuando el mundo le reconozca.

9. Cristo es las primicias y nosotros la cosecha (1 Corintios 15:23). Su resurrección garantiza la nuestra.

10. Cristo es el dueño y nosotros los siervos (Colosenses 4:1; 1 Corintios 7:22), el siervo hace la voluntad de su amo, y a su vez, el amo se compromete a tener cuidado del criado.

¿Cuándo tuvo comienzo la iglesia?

Una pregunta básica que divide a las teologías es cuándo comenzó la iglesia. Lo que se conoce por teología del pacto declara que la iglesia empezó en el Antiguo Testamento (usualmente, con Abraham) y que continúa a lo largo del tiempo. La iglesia universal, según este punto de vista, consiste en todos los creyentes de todos los tiempos o, al menos, desde Abraham hacia adelante. Algunos grupos creen que la iglesia comenzó con Juan el Bautista, sencillamente porque él fue, al parecer, el primer profeta que bautizaba a las gentes (otros bautismos judíos se lo administraba el propio candidato) y el bautismo es el rasgo característico de la iglesia. Por ello, la iglesia comenzó con el primer bautizador. Un tercer grupo enseña que la iglesia comenzó el día de Pentecostés y está compuesto por todos los creyentes de la edad presente. Otros mantienen que el cuerpo de Cristo se inició durante el ministerio de san Pablo (bien durante su conversión o durante el primer viaje misionero, o durante su primer encarcelamiento en Roma, es decir, en Hechos 9, 13 o 28). Antes de eso (desde Pentecostés hasta Hechos 9, 13 o 28) había una iglesia judía, pero no era el cuerpo de Cristo, así que esta es una cuestión más bien problemática y cismática.

Que el día de Pentecostés marcó el principio de la iglesia parece evidente por las razones siguientes:

1. El Señor habló de la iglesia como futura en Mateo 16:18, lo que, al parecer, demuestra que la iglesia no existía en tiempos del Antiguo Testamento.

2. La resurrección y la ascensión de Cristo son esenciales

para el funcionamiento de la iglesia. Está edificada sobre la resurrección (Efesios 1:19-20) y la dádiva de los dones es necesaria para su operación, al tiempo que la distribución de los dones depende, a su vez, de que Cristo fue ascendido (Efesios 4:7-12). Si por algún esfuerzo imaginativo de la teología pudiera decirse que el cuerpo de Cristo había existido antes de la ascensión de Cristo, entonces habría que concluir que se trataba de un cuerpo que no tenía dones y era inoperante. Lo que hace en esta edad que la iglesia es algo claro y distintivo es el hecho de que se está construyendo sobre la resurrección y ascensión de Cristo.

3. Pero la principal evidencia de que la iglesia comenzó en el día de Pentecostés reside en el hecho de que se registró un trabajo de bautismo por parte del Espíritu Santo. El Señor declaró que este ministerio particular y distintivo del Espíritu era todavía futuro, justamente antes de su ascensión (Hechos 1:5). En el día de Pentecostés ocurrió por primera vez (el relato no lo dice así en Hechos 2, pero sí en Hechos 11:15-16), y podemos preguntarnos: ¿qué es lo que hace el bautismo del Espíritu Santo? La contestación la encontramos en 1 Corintios 12:13: coloca al creyente en el cuerpo de Cristo. Ya que este es el único camino para entrar en el cuerpo de Cristo (es decir, por la obra de bautismo del Espíritu), y ya que esta obra del Espíritu comenzó primeramente en Pentecostés, la conclusión parece obvia entonces que la iglesia, que es el cuerpo de Cristo, comenzó en el día de Pentecostés.

¿Cuándo quedará completa la iglesia?

Si la iglesia, el cuerpo de Cristo, comenzó en Pentecostés, entonces el decir que será completada en el rapto, cuando el Señor la llame para estar con Él, no quiere decir que no habrá otros que se salven después de tal acontecimiento. De la misma manera que hubo israelitas redimidos antes del día de Pentecostés, así también habrá gente redimida después del rapto de la iglesia, tanto durante el período de la tribulación como durante el milenio. Pero, a pesar de ser redimidos y de tener asegurado el cielo, al parecer no formarán parte del cuerpo de Cristo que será distinto de los otros redimidos.

La Jerusalén celestial, se nos dice, está habitada por ángeles, la iglesia, Dios, Jesús y "los espíritus de los hombres justos hechos perfectos" (referencia, al parecer, a los santos del Antiguo Testamento). La cosa es que, no obstante, habrá distintos grupos de creyentes en los cielos. La distinción se mantiene, aunque el destino sea el mismo.

También resulta importante que la obra bautizadora del Espíritu Santo no se mencione como operativa durante la tribulación y el milenio. Esto, además, parecería señalar al cumplimiento o terminación del cuerpo de Cristo antes de que empiece la tribulación.

9

¿QUÉ NOS RESERVA EL FUTURO?

El interés que tiene el ser humano por el futuro es legendario y muchos profetas, verdaderos y falsos, han tratado de dar satisfacción a ese interés. El profetizar es un asunto arriesgado, sencillamente porque no se puede sostener un negocio si hay demasiados fracasos. El Antiguo Testamento ya decía que al profeta que no hablase en el nombre de Dios, o que su profecía no se cumpliera, debería ser apedreado sin misericordia (Deuteronomio 13:1-11; 18:20-22). En el caso de los falsos profetas que a veces podían hacer predicciones verdaderas (cosa que a veces ocurre, incluso en el día de hoy) su mensaje había que medirlo con los verdaderos mandamientos de Dios dados a su pueblo con anterioridad. Si no se ajustaban a ese patrón, entonces los profetas tenían que ser igualmente apedreados. La Biblia, desde luego, no solamente contiene muchas profecías, sino que por medio de sus propias profecías da seguridad de su exactitud. Bastante tiempo ha transcurrido, de modo que muchas de sus predicciones pueden comprobarse que han sido cumplidas exactamente, dando, por tanto, la seguridad de que las que todavía no se han cumplido, se cumplirán también con exactitud.

PUNTOS DE VISTA BÁSICOS RESPECTO AL FUTURO

No hace falta decir que no todos están de acuerdo con respecto al bosquejo que pueda hacerse del futuro y, como resultado, se han desarrollado dentro de la iglesia cristiana tres puntos de vista referentes a la interpretación de la profecía. Todos ellos están relacionados con los pactos de Dios hechos con el pueblo judío y especialmente con el pacto hecho a Abraham.

El pacto de Dios con Abraham (Génesis 12:1-3) fue confirmado más tarde y ampliado (Génesis 13:14-17; 15:1-7; 17:1-18). En él se hicieron promesas personales a Abraham sobre que sería especialmente bendecido en las cosas temporales y espirituales. Estas, por supuesto, fueron cumplidas por cuanto adquirió tierras, servidumbre, ganado, plata y oro (Génesis 13:14, 15, 17; 15:7; 24:34-35) y gozó comunión con Dios, siendo llamado el amigo de Dios (Génesis 18:17; Santiago 2:23). Estas predicciones fueron ciertas y cumplidas exactamente como fueron prometidas.

También se hicieron promesas en aquel pacto para los descendientes de Abraham, o sea la nación de Israel. Primeramente, Dios prometió continuar el pacto con los hijos de Abraham (Génesis 17:7), haciéndoles una gran nación e innumerable (Génesis 12:2; 13:16; 15:5), pero lo más interesante, a la luz de los acontecimientos de nuestros días, fue la promesa dada a los descendientes de Abraham, el pueblo judío, de una tierra cuyos límites se especificaron claramente como posesión eterna (Génesis 15:18; 17:8).

En el pacto, además, había la promesa que afectaba a toda la humanidad, o sea, que quienes bendijesen a Abraham y a sus descendientes serían bendecidos, y quienes le maldijesen serían maldecidos. Este principio operó durante la vida de Abraham (Génesis 14:12-20; 20:2-18), durante las experiencias de los hijos de Israel (Deuteronomio 30:7; Isaías 14:1-2) y operará durante el período de la tribulación (Mateo 25:40). Había también una promesa de que en Abraham serían benditas todas las familias de la tierra y esto ha sido cumplido al utilizar Dios al pueblo de Israel como canal por medio del cual la Biblia llegó a nosotros y también Cristo, como *la* semilla de Abraham (Gálatas 3:16).

Todos están de acuerdo en que muchas de estas promesas hechas a Abraham en el pacto han sido literalmente cumplidas. Pero la promesa referente a la ocupación de la tierra no ha sido cumplida, al menos no literalmente. Los límites que se marcaron fueron "desde el río de Egipto hasta el gran río, el río Éufrates" (Génesis 15:18). Todos están de acuerdo en que el límite oriental es el río Éufrates, pero no todos convienen en lo que pueda ser el río de Egipto. Unos piensan que es una referencia al Nilo y otros lo relacionan con el Wadi-el-Arish, no lejos de Gaza. En cualquier caso, Israel no ha ocupado en toda su historia, ni aún hoy, todo el terreno que marcan esos límites.

Una de las cuestiones más importantes respecto al pacto abrahámico es si sus promesas vienen condicionadas por la obediencia o si son incondicionales. Si estuviesen condicionadas a la fidelidad de los judíos o a su bondad, entonces podríamos asumir que todas las reclamaciones sobre la tierra de Palestina y otras bendiciones incluidas en el pacto han sido invalidadas por cuanto el pueblo judío ha pecado repetidamente. Si, por otra parte, las promesas estuviesen condicionadas solo a la fidelidad de Dios, tendrían que cumplirse inexorablemente, a pesar de la infidelidad del mortal.

La contestación a este problema, de si era con condiciones o sin ellas, se halla en una acción que Dios emprendió para confirmar el pacto, según se relata en Génesis 15:9-17. El Señor dio solemnidad al pacto, de la forma reconocida, sacrificando animales y depositando en el suelo las partes desmembradas. Ordinariamente, las dos partes del acuerdo caminarían paralelas entre los trozos divididos del animal matado, o sacrificado, pero en esta ocasión hubo una excepción sorprendente. En lugar de pasar Dios y Abraham juntos entre las dos piezas del sacrificio, Dios hizo dormir a Abraham y pasó Él solo entre las dos partes del animal. Difícilmente podría Dios mostrar más claramente que el mantenimiento del pacto dependía solamente de Él.

Además, el pacto fue reafirmado al hijo de Abraham, Isaac y al hijo de Isaac, Jacob (Génesis 26:2-4; 28:13-15). En ningún caso se establecieron condiciones y la confirmación se hizo a base del juramento con el que Dios estableció el pacto con Abraham en su origen. Además, encontramos que Abraham pecó durante los años que cubrieron el período de la fecha o establecimiento del pacto y su confirmación por Dios a Isaac, de modo que, si Dios hubiese considerado que el pacto era condicionado a la obediencia, se habría visto obligado a anularlo porque Abraham había sido desobediente (Génesis 12:10-20). Con toda certeza, se registran algunas contingencias en los cumplimientos *intermedios* de los aspectos del pacto, pero el cumplimiento *final* es incondicional.

A lo largo de la historia de Israel, la obediencia fue la condición que puso Dios para poseer la tierra, incluso temporal y parcialmente, y la dispersión fue el juicio por la desobediencia (Deuteronomio 28:25; Jeremías 25:11). Sin embargo, el cumplimiento último y completo lo realizará Dios y entonces Israel se convertirá y será obediente en el reinado del Mesías.

A David y a sus descendientes les hizo Dios también importantes promesas en el pacto davídico (2 Samuel 7:12-16). Prometió que Salomón, no David, sería quien construyera el templo y que de la línea de David se establecería para siempre el trono y el reino. Todos están de acuerdo en que Cristo es la semilla de David, convirtiéndose en el último cumplidor de la promesa, pues Lucas le designa como tal en Lucas 1:32-33. Estas promesas concernientes al rey y al reino se repitieron con frecuencia en el Antiguo Testamento, siendo la declaración más vigorosa la del Salmo 89 donde el Señor advertía de la desobediencia y de su castigo por la misma, pero dijo que el pacto no sería roto ni alterado en manera alguna (vv. 30-37). Otros pasajes importantes son Isaías 9:6-7; Jeremías 23:5-6; Ezequiel 37:24-25; Oseas 3:4-5; Amós 9:11 y Zacarías 14:4-9. Si bien todos están de acuerdo en que Cristo es quien cumple este pacto, no todos están de acuerdo en cuándo va a suceder. ¿Está ya sentado en el trono de David en el cielo? ¿Es el reino la iglesia, o todo ello es todavía futuro cuando Cristo gobernará sobre un reino en la tierra? Las contestaciones a estas preguntas son las bases para las diferentes interpretaciones que se dan a este cuadro del futuro. Los tres puntos de vista diferentes y básicos descansan sobre las cuestiones de la naturaleza, condicionada o sin condiciones, del pacto abrahámico y el cumplimiento de las promesas del reino del pacto davídico.

Postmilenialismo

Este punto de vista enseña que la segunda venida de Cristo tendrá lugar *después* (post) del milenio. Los postmilenialistas miran a un estado utópico sobre la tierra que se produzca por los esfuerzos de la iglesia, y durante ese tiempo de oro la iglesia, no Israel, experimentará el cumplimiento de las promesas a Abraham y a David. El reino estará en la tierra, pero será un reino-iglesia, no un reino judío; y el Rey, Cristo, estará ausente de la tierra, no presente en ella, gobernará en los corazones de la gente y regresará a la tierra solamente después del milenio cumplido. Entonces tendrá lugar una resurrección general de todos los muertos, un juicio general de todo el pueblo, y comenzará la eternidad.

El postmilenialismo concibe las promesas abrahámicas no cumplidas como cumplidas por la iglesia y, desde luego, no en un sentido literal. Su método de interpretación consiste, generalmente, en espiritualizar la profecía. El esquema del postmilenialismo es como sigue:

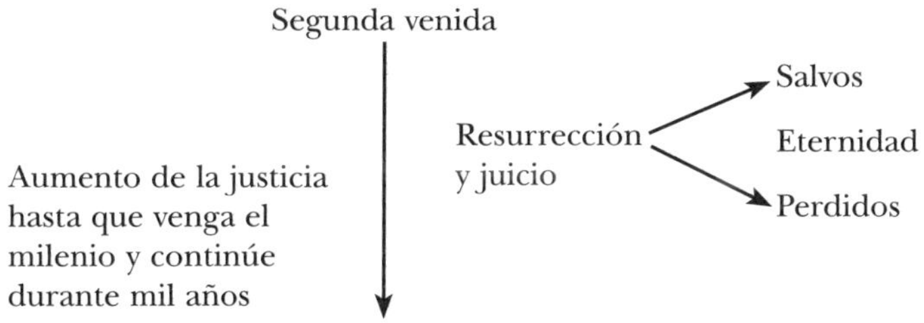

Amilenialismo

Este punto de vista enseña que no habrá milenio en el futuro, de ninguna manera. Si tiene que haber algún reino, es ahora, y consiste en el gobierno desde el cielo en los asuntos de la iglesia. Las condiciones de esta edad presente irán empeorándose progresivamente hasta la segunda venida de Cristo, al final de la edad de la iglesia, y el regreso del Señor será inmediatamente seguido por la resurrección general y el juicio, dando comienzo el estado eterno.

Los amilenialistas tienen tres diferentes modos de explicar el cumplimiento del pacto abrahámico. Unos dicen que las promesas de la tierra fueron cumplidas completamente durante el reino de Salomón que tuvo bajo su tributo mucho del territorio prometido (1 Reyes 4:21). Sin embargo, él no poseyó la totalidad de la tierra y, ciertamente, no fue poseída para siempre como prometía el pacto. Otros insisten en que el pacto era condicional y, por lo tanto, no pueden cumplirse las promesas del pacto porque Israel fue desobediente y así, por el pecado, quedó destituido de esas promesas. Todavía hay otros que creen (probablemente la mayoría) que la iglesia cumple las promesas en un sentido no literal. Cristo está ahora sentado en el trono de David en los cielos y está cumpliendo para la iglesia la esencia necesaria de las promesas del Antiguo Testamento. Los amilenialistas parecen sentir la fuerza de la importancia de hacer algo con las promesas del pacto.

La interpretación amilenial espiritualiza las promesas hechas a Israel como nación cuando dicen que están cumplidas por la iglesia. Según esta opinión, Apocalipsis 20 describe la escena de las almas en el cielo durante el tiempo que transcurre entre la primera y la segunda venida de Cristo. El esquema amilenial es de esta forma:

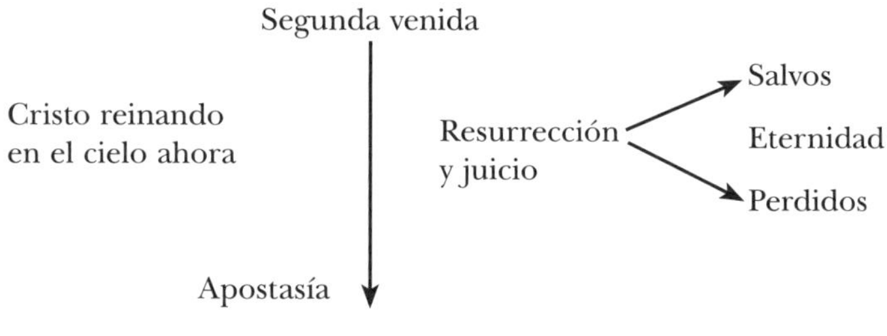

Premilenialismo

Los premilenialistas mantienen que la segunda venida de Cristo tendrá lugar antes (pre) del milenio y que Cristo, no la iglesia (como en el postmilenialismo) será quien establezca el reino. Cristo reinará prácticamente sobre la tierra como Rey, y durante el milenio el pueblo judío experimentará el cumplimiento de las promesas hechas a Abraham y David. Según los premilenialistas, la presente edad de la iglesia contemplará la creciente apostasía que llegará a su culminación en el tiempo de la tribulación antes de la segunda venida de Cristo. Cuando Él regrese, establecerá su trono por mil años después de los cuales tendrá lugar la resurrección y el juicio de los no salvos y la entrada en la eternidad.

El esquema premilenial es el resultado de interpretar las promesas y las profecías de la Escritura de una manera clara, normal o literal. Esta es la solidez del premilenialismo: su método de interpretación es consistentemente el mismo, ya sea aplicado a la historia, a la doctrina o la profecía. No es inteligente el tomar las palabras de la Biblia en un sentido que no sea literal, en particular cuando resulta claro su sentido literal. Estas promesas a Abraham y a David se referían a los descendientes físicos de Abraham. ¿Por qué, entonces, esperar que sean cumplidas por la iglesia, a menos que Israel no signifique ya Israel y por algún juego de manos signifique la iglesia? Ya que el Nuevo Testamento continúa distinguiendo a los judíos de la iglesia, parece que hemos de esperar que estas promesas sean cumplidas por los judíos más bien que por la iglesia (1 Corintios 10:32; Romanos 11:26). El esquema premilenial queda así:

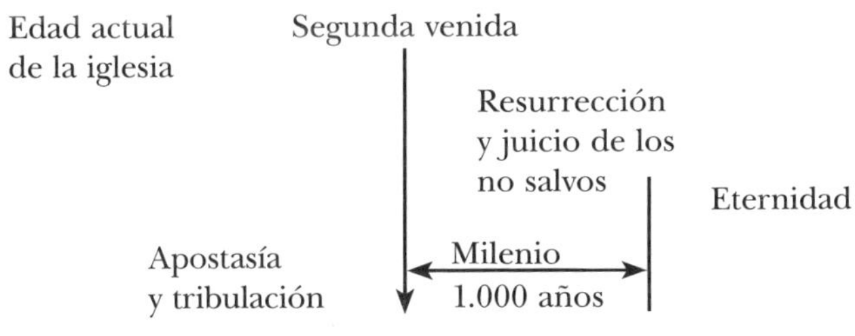

El rapto de la Iglesia

La descripción del rapto (Juan 14:1-3; 1 Corintios 15:51-57; 1 Tesalonicenses 4:13-18)

El título *rapto* viene de la palabra latina que se usa en 1 Tesalonicenses 4:17, que traducida quiere decir "arrebatar". El rapto de la iglesia es el arrebatamiento o traslado de la iglesia. Es la recogida al cielo para morar en el lugar prometido en Juan 14:1-3. En el pasaje de Corintios, Pablo nos dice que es un misterio, y esa palabra "misterio" es como un semáforo rojo que nos recuerda que hay algo no conocido antes pero que ahora es descubierto. La resurrección no era un misterio porque el Antiguo Testamento enseñaba claramente que los hombres podían resucitar de los muertos (Job 19:25; Isaías 26:19; Daniel 12:2), pero no revelaba que un número de personas podían subir a la presencia de Dios sin haber pasado por la muerte. Eso es lo que se llama misterio, el que "no todos dormiremos" (1 Corintios 15:51). En el rapto algunos mortales (que estén viviendo) solo tendrán que cubrirse de inmortalidad, en tanto que aquellos que vieron corrupción (o muerte) en sus cuerpos, necesitarán vestirse de incorrupción por medio de la resurrección. Ambos caminos al cielo involucran un cambio; los vivos necesitan ser trasladados y los muertos resucitados. La última generación de cristianos no pasará por la muerte.

Estos cambios tendrán lugar "en un momento, en un abrir y cerrar de ojos". El rapto será instantáneo, no gradual porque la palabra griega traducida por "momento" es el término de donde procede nuestra palabra "átomo". Cuando se descubrió el átomo, se le dio ese nombre porque se creía que era indivisible. Aunque el átomo haya sido dividido, la palabra todavía significa "indivisible" e indica que el rapto ocurrirá en un instante de tiempo indivisible. Además, Pablo nos dice que *todos* nosotros seremos cambiados, no una *parte* de la compañía de creyentes. Por eso 1 Corintios 15:51-58 enseña tres cosas: 1) Que el rapto incluirá, no solamente la resurrección del cuerpo de aquellos creyentes que hayan muerto, sino también el cambio de los cuerpos de aquellos que estén vivos en el momento de ese acontecimiento. 2) Será instantáneo. 3) Incluirá a todos los creyentes y no sencillamente a algunos de ellos.

Pero es en 1 Tesalonicenses 4:13-18 donde encontramos más detalles acerca de lo que sucederá cuando el Señor vuelva. En este pasaje se vislumbran cuatro rasgos:

1. Cristo mismo regresará (v. 16) y las circunstancias que le rodeen irán revestidas de toda la grandeza que su presencia personal merece. Habrá una voz de mando, la voz de arcángel y la trompeta de Dios.

2. Habrá una resurrección (v. 16). Los muertos se levantarán y los vivos serán cambiados, todo ello en un abrir y cerrar

de ojos. Sin embargo, solamente los muertos en Cristo y los cristianos que vivan experimentarán el rapto, pero no toda la humanidad. No hay una sola resurrección general, sino varias, y esta solo afecta a los creyentes.

3. Habrá un rapto (v. 17). La palabra significa la acción de trasladar a una persona de un lado a otro y es, por tanto, propiamente usada en este pasaje que se refiere al traslado al cielo de las personas vivas (véase 2 Corintios 12:4).

4. Habrá reuniones (v. 17), ambas con los seres amados que murieron antes en el Señor y con el Señor mismo. Y todas estas reuniones serán para siempre.

El tiempo del rapto

Casi todos concuerdan en que el rapto hay que distinguirlo de la segunda venida de Cristo en el sentido de que el rapto es cuando Cristo viene a recoger a su pueblo y la segunda venida es su aparición en triunfo y en gloria. Pero el tiempo de separación entre un acto y otro es lo que constituye un punto de disputa. Los amilenialistas creen que ambos ocurren a finales de la tribulación, pero que el rapto va seguido *inmediatamente* por la segunda venida (que a su vez va seguida por la eternidad sin milenio alguno). Entre los premilenialistas hay cuatro puntos de vista en cuanto al tiempo del rapto.

Argumento postribulacional

Los que defienden la postura postribulacional enseñan la misma cosa que los amilenialistas respecto a la relación cronológica del rapto y de la segunda venida (excepto que, en el postribulacionismo, la segunda venida va seguida del milenio). Según esta opinión, la iglesia estará presente en la tierra durante el período de la tribulación y las venidas por y con los santos ocurrirán en rápida sucesión a finales del período. Sus principales argumentos para ello son:

1. El rapto y la segunda venida se describen en las Escrituras con las mismas palabras, lo que indica que ocurren al mismo tiempo (1 Tesalonicenses 4:15; Mateo 24:27).

2. Ya que los santos se mencionan como presentes durante

los días de la tribulación, la iglesia está presente en la tierra durante aquel tiempo (Mateo 24:22).

3. Se predice que ocurrirá una resurrección al principio del milenio, y ya que se asume que es la misma resurrección que la que tiene lugar durante el rapto, este tendrá lugar justamente antes del milenio (Apocalipsis 20:4).

4. La iglesia será preservada de la ira del período de la tribulación mediante una protección sobrenatural, mientras viva en dicho tiempo, y no mediante una liberación antes de él (como Israel fue protegido de las plagas mientras vivió en Egipto).

5. Las Escrituras no enseñan la inminencia; por tanto, el rapto puede tener lugar después de los acontecimientos conocidos de la tribulación.

6. El postribulacionalismo fue la posición aceptada por la iglesia primitiva.

A mediados de la tribulación

Los que aceptan esta teoría creen que la venida de Cristo por su pueblo ocurrirá en el punto medio de la tribulación, es decir, tres años y medio después de comenzar y tres años y medio antes de terminar, en ese tiempo el Señor regresará con sus santos para establecer el reinado milenial. Los argumentos que presentan son:

1. La última trompeta de 1 Corintios 15:52 es la misma que la séptima trompeta de Apocalipsis 11:15, y suena a mediados de la tribulación.

2. Prácticamente, la gran tribulación es solamente la última mitad de la septuagésima semana de Daniel y a la iglesia se le promete liberación solamente a partir de entonces (Apocalipsis 11:2; 12:6).

3. La resurrección de los dos testigos describe el rapto de la iglesia, y la resurrección de ellos ocurre a mediados de la tribulación (Apocalipsis 11:11).

Rapto parcial

Los que aceptan esta teoría enseñan que tan solo aquellos creyentes que son dignos serán tomados de este mundo antes de la tribulación, en tanto que los demás serán dejados después que esta comience para sufrir su ira. Para aquellos que hayan sido dejados en la tierra ese tiempo les será como tiempo de purgación. La idea se toma de los versículos semejantes a Hebreos 9:28 que parecen requerir una preparación como requisito previo para encontrarse con el Señor. Esta opinión se basa en la idea de que las buenas obras son necesarias para poderse calificar y ser incluido en el rapto, pero no se contesta a la pregunta de cuántas son las buenas obras. Al propio tiempo, parecen ignorar el hecho de que 1 Corintios 15:51 dice claramente: "todos seremos transformados" en el rapto.

Pretribulación

Los pretribulacionistas creen que la venida de Cristo a recoger a los suyos (rapto de la iglesia) tendrá lugar antes de la iniciación del período de la tribulación. Entonces, siete años más tarde, después de terminada la tribulación, el Señor regresará a la tierra con su pueblo para establecer el reinado milenial. Los pretribulacionistas basan sus conclusiones en estos argumentos:

1. A la tribulación se le llama "el gran día de la ira" (Apocalipsis 6:17). Los creyentes, que conocen al Libertador de ese gran día de la ira (1 Tesalonicenses 1:10) tienen la seguridad de que Dios no les ha incluido en ese día de la ira venidera (1 Tesalonicenses 5:9). Ya que en el contexto de este último versículo Pablo estaba hablando acerca del *principio* del día del Señor o del período de la tribulación (1 Tesalonicenses 5:2), parece claro que está diciendo que los cristianos no estarán presentes durante ningún momento de la ira, sino que serán arrebatados antes de que nada de ello comience. Eso podría ser verdad solamente si el rapto se efectúa antes de la tribulación.

2. El Señor resucitado prometió a la iglesia de Filadelfia: "Yo te guardaré de la hora de la prueba que ha de venir sobre el mundo entero, para probar a los que moran sobre la tierra" (Apocalipsis 3:10). Los pretribulacionistas relacionan esta promesa, como otras hechas a otras iglesias locales, a toda la iglesia (aunque claramente será experimentado solo por los creyentes que vivan cuando Cristo vuelva) y ellos entienden que la "hora

de la tentación o prueba" se refiere a la tribulación, ya que se dice que afecta al mundo entero. Los postribulacionistas afirman que esta promesa (que también ellos aplican a la tribulación) significa solamente que los cristianos serán protegidos contra los juicios de la tribulación, incluso si tienen que vivir durante todo el tiempo. Sin embargo, importa observar que la promesa no es solamente protegerles *de* (y la preposición significa *de*, no *en*) la prueba, sino guardarles de la *hora* (o tiempo) de la prueba. Eso parece decir completa exención de estar en cualquier parte durante ese tiempo. Es bien sabido que la frase "guardar de" se emplea solo dos veces en el Nuevo Testamento, aquí y en Juan 17:15. En esta última referencia el Señor oró para que los creyentes fuesen guardados del mal, y esa oración es contestada liberándonos del poder de las tinieblas y transfiriéndonos al reino de su querido Hijo (Colosenses 1:13). Es imposible concebir el estar en el lugar donde algo ocurre y estar exento del tiempo en que ocurre. Además, ya que la tribulación será mundial, la exención requeriría el arrebatamiento de la iglesia de la tierra antes de que empiece.

Ahora bien, si los postribulacionistas tienen razón, entonces esta promesa tendrá que ser reinterpretada por ellos de alguna manera porque muchos santos en los días de la tribulación no estarán protegidos de las persecuciones, si viven durante ese período, ya que sabemos que muchos morirán por su fe (Apocalipsis 6:9-11; 7:9-14; 14:1-3; 15:1-3).

3. La segunda carta a los Tesalonicenses 2:1-12 presenta una secuencia cronológica importante. Pablo dice que el día del Señor no puede venir (es decir, la tribulación no puede empezar) hasta que ciertas cosas ocurran (v. 3) y una es que el hombre de pecado ha de ser revelado primeramente (v. 3). Pero el hombre de pecado no puede revelarse hasta que algo (v. 6, donde se emplea el neutro) y alguien (v. 7, donde se emplea el masculino) sean quitados de en medio. Entonces y solo entonces puede el hombre de pecado aparecer para realizar su trabajo de maldad. Sea lo que fuere o quien fuere el que lo impide, está deteniendo la manifestación plena del hombre de pecado. Los tesalonicenses sabían qué o quién era que lo

impedía, y, además, parece ser que sería más fuerte que Satanás, ya que el hombre de pecado viene fortalecido por Satanás. La mayoría de los comentaristas identifican al que restringe o detiene con el Imperio romano de los días de Pablo, con su avanzado sistema legal, ¿pero hubo o hay algún gobierno que sea más fuerte que Satanás? Solamente Dios lo es, de forma que tras cualquier cosa o persona que restrinja e impida está el poder de Dios, el todopoderoso, que es el que restringe.

Indudablemente, Dios emplea el buen gobierno, ángeles elegidos, la influencia de la Biblia y otros medios para restringir el mal, pero el poder último, detrás de cualquier cosa que detenga, ha de ser el poder y la persona de Dios. Muchos pretribulacionistas identifican al Espíritu Santo como la persona particular de la Divinidad cuyo trabajo es restringir (véase Génesis 6:3). Puede ser inseguro el que Pablo se refiera al Espíritu Santo en este pasaje; sin embargo, tanto si lo llegamos a identificar o no de modo específico al Espíritu, ello no afecta al argumento de la pretribulación. Es como sigue:

El que detiene es Dios y el principal instrumento de la restricción es la iglesia en la que Dios mora (véase Efesios 4:6; Gálatas 2:20; 1 Corintios 6:19). Nuestro Señor declaró de dicha iglesia, habitada por Dios y potenciada por Él, que "las puertas del Hades no prevalecerán contra ella" (Mateo 16:18). El que restringe debe ser quitado antes que el hombre de pecado se revele y antes de que empiece el día del Señor. Ya que quien restringe es, en última instancia, Dios, y ya que Dios mora en todos los creyentes, o bien Él debe ser retirado de los corazones de su pueblo mientras que están en la tierra y pasan por la tribulación, o bien cuando Él es retirado, todos los creyentes han de ser llevados con Él en el rapto. La Biblia en ningún lugar ni siquiera insinúa que el cristiano haya de ser despojado del Dios que mora en él, de modo que la única alternativa es que ellos, los cristianos, serán arrebatados de la tierra antes de que comience la tribulación. Esto no significa que el Espíritu Santo no pueda operar durante dicho tiempo. Su presencia estará aquí, pero su residencia será quitada cuando la iglesia sea tomada. Decir que el que impide es quitado no es decir que la presencia o actividad de Dios sea llevada de la tierra. Muchos serán redimidos durante el período de la tribulación y esto será obra de Dios (Apocalipsis 7:14). De modo que una apropiada interpretación de este pasaje requiere el rapto pretribulacional de la iglesia.

El período de tribulación

La Biblia dice mucho, tanto en el Antiguo como en el Nuevo Testamento acerca del período de la tribulación, más que de muchas otras doctrinas.

Su duración

El período es la septuagésima semana de la gran profecía de Daniel, registrada en su libro (9:24-27). La mitad del tiempo se dice que es 42 meses o 1.260 días (Apocalipsis 11:2-3). Esto, desde luego, se basa en meses de 30 días que, a veces, ha sido considerado como pura invención de los estudiantes de profecía. Observemos, no obstante, que los meses de 30 días se encuentran en los pasajes que no son proféticos, como en Génesis 7:11, 24 y 8:4, y en Números 20:29; Deuteronomio 34:8 y 21:13, donde a un período de 30 días de llanto se le llamaba un mes completo. Este período de 7 años se divide en dos partes iguales por el rompimiento del tratado que se hace al principio (Daniel 9:27). Ambas partes se caracterizarán por la intensa persecución y por el juicio.

Su singularidad

Nuestro Señor habló de los días de la tribulación como cosa singular y única en toda la historia del mundo (Mateo 24:21). Desde luego, ha habido muchos tiempos difíciles desde que se pronunciaron estas palabras, incluso advirtiendo el Señor que sus seguidores tendrían tribulación en este mundo (Juan 16:33). ¿Qué es lo que hace, pues, que este período que viene sea único?

Dos características distinguen a la tribulación de cualquier otro tiempo de persecución y juicio que el mundo haya conocido. Primero, será mundial, no local (Apocalipsis 3:10). Por lo tanto, por terribles que sean las persecuciones que las gentes estén sufriendo en diversas partes del mundo en el día de hoy, no podemos decir que la tribulación haya venido porque ese tiempo afectará a todo el mundo. Segundo, la tribulación será única porque entonces la gente, no solo se dará cuenta de que el fin del mundo está cerca, sino que actuará como tal. En uno de los primeros juicios, los seres humanos se esconderán en cavernas y cuevas de las montañas, diciendo: "Caed sobre nosotros, y escondednos del rostro de aquel que está sentado sobre el trono, y de la ira del Cordero" (Apocalipsis 6:16). Frecuentemente, los mortales han hablado como si el fin estuviera cerca y muchos hoy incluso emplean la palabra Armagedón como símbolo del fin, pero la gente no se comporta como si, en efecto, creyesen que el final estuviese a la mano. La gente compra casas y fincas, acumula riquezas como si la vida fuese a continuar indefinidamente. Cuando la tribulación se presente, las gentes preferirán la muerte a la vida porque el futuro no ofrecerá atractivo.

Su descripción

La tribulación empieza prácticamente cuando el hombre de pecado, el jefe de la federación de naciones occidentales, firme un tratado con el pueblo judío (Daniel 9:27). El rapto de la iglesia habrá ocurrido antes de eso, aunque haya solo un corto intervalo entre el rapto y la firma del tratado. Es justamente esa firma del tratado lo que inicia la cuenta de los siete años. Hay tres series de juicios relatados en Apocalipsis 6, 8-9 y 16. Probablemente son sucesivas, siguiéndose una a la otra en secuencia cronológica (más bien que algunas recapitulen lo que ya había sido revelado). De ser así, entonces los sellos de los juicios del capítulo 6 tendrán lugar durante los primeros años de la tribulación. En esos años se manifestarán la guerra, el hambre, la muerte, el martirio y las turbaciones en el universo físico.

En la misma primera parte del período se alzará la gran iglesia ecuménica apóstata con su poder (Apocalipsis 17:3), ejerciendo su tremenda influencia política sobre las naciones del mundo. Además, habrá muchos convertidos por el testimonio del grupo que será sellado (Apocalipsis 7) para este propósito.

Algunos, al parecer, serán martirizados casi inmediatamente por su fe (Apocalipsis 6:9-11). Todo esto ya fue indicado por el Señor en el discurso del monte de los Olivos (Mateo 24:4-14; el juicio, vv. 6-7; los mártires, v. 9; y los testigos, v. 14).

Conforme se acerca la mitad de la tribulación, ocurrirán ciertos acontecimientos importantes. Egipto será derrotado por los ejércitos del hombre de pecado (Daniel 11:40-43). Las naciones del lejano oriente irán formando una coalición y, al final de la tribulación, se acercarán a Palestina. El poder bloqueador al norte de Palestina, conocido por Gog y Magog, invadirá Palestina, pero será barrido por el poder de Dios, en su intervención sobrenatural (Ezequiel 38-39). Exactamente en el punto medio, el hombre de pecado romperá su tratado, dejará de ser el protector de Israel, pedirá ser adorado él mismo (2 Tesalonicenses 2:4) y tratará de conquistar el mundo. Al mismo tiempo, a medida que la última parte de la tribulación progresa, Dios echará sobre la tierra juicios adicionales, los cuales se describen en las trompetas de Apocalipsis 8-9 y en las copas del capítulo 16. Incluyen más perturbaciones en el universo físico, como el suministro de agua a las gentes, las muertes en masa, la persecución demoníaca, dolores y angustias, y el caos y la destrucción general.

Conforme el hombre de pecado continúa su marcha hacia el poder mundial, se enfrentará con sus enemigos del oriente en Armagedón, al norte de Palestina. En medio de la guerra, el Señor regresará y derrotará a sus enemigos. El hombre de pecado y su falso profeta serán echados al lago de fuego para ser atormentados para siempre.

¿Por qué ha de haber un tiempo como este? Al menos, hay dos razones. Primeramente, la maldad de la humanidad ha de ser castigada. Incluso si Dios parece que no está haciendo nada hoy contra el pecado y el mal, llegará el día en que actuará abiertamente contra él. En segundo lugar, el ser humano debe, por un medio o por otro, postrarse ante el Rey de reyes y Señor de señores. Puede hacerlo de modo voluntario ahora, acercándose a Cristo con fe y recibiendo la salvación, o tendrá que arrodillarse luego, pero entonces será para recibir la condenación, y no la salvación.

El reinado milenial

Su carácter

El reinado milenial es ese período de 1.000 años durante los cuales nuestro Señor Jesucristo gobernará la tierra con justicia y cumplirá para los judíos y para el mundo todas las promesas de los pactos del Antiguo Testamento. Si bien la duración del reinado de 1.000 años se declara solamente en un pasaje (Apocalipsis 20, pero 6 veces en el capítulo) el reino es tema de muchos versículos tanto en el Antiguo como en el Nuevo Testamento. El tema no se limita, como a veces se dice, a un capítulo de un libro de la Biblia que es difícil de interpretar.

Se designa al reino en la Biblia de varias maneras. Se le llama el reino que viene en la oración del Señor (Mateo 6:10), el reino de Dios (Lucas 19:11), el reino de Cristo (Apocalipsis 11:15), la regeneración (Mateo 19: 28), los tiempos de refrigerio (Hechos 3:19) y el mundo venidero (Hebreos 2:5). Nuestro Señor indicó en la parábola de Lucas 19:11-27 que el reino no se establecería inmediatamente, implicando de modo claro que algo más (la iglesia) vendría primero en el plan de Dios, antes de que el reino fuese establecido.

Su gobierno

El gobierno milenial será establecido, desde luego, en esta tierra (Zacarías 14:9). La topografía de la tierra habrá sido cambiada para cuando haya de funcionar el gobierno debido a los juicios catastróficos del período de la tribulación (terremotos, cambios drásticos de temperatura, etc.). La ciudad de Jerusalén será el centro del gobierno (Isaías 2:3). Esa ciudad será exaltada (Zacarías 14:10), será lugar de gran gloria (Isaías 24:23), localización del templo (Isaías 33:20) y será, además, el gozo de toda la tierra (Salmo 48:2). Además, aunque Jerusalén ahora sea un centro de tanta disputa y conflicto, en el milenio no tendrá nunca que temer por su seguridad (Isaías 26:1-4). Desde aquella capital saldrá la ley, y la tierra será llena del conocimiento del Señor como las aguas cubren el mar (Isaías 2:3; 11:9).

El Señor será el Rey del milenio que gobernará como

una teocracia. En su calidad de rey, gobernará toda la tierra (Daniel 7:14) y el resultado será una perfecta y completa justicia para todos sus súbditos. Castigará el pecado (Isaías 11:4; 65:20) y juzgará con perfecta equidad (Isaías 11:3-5). Este es el secreto de la paz sobre la tierra, el gobernante que puede instaurar la paz con justicia. Al parecer, el Señor empleará a David resucitado como regente (Jeremías 30:9; Ezequiel 37:24-25), un príncipe bajo la autoridad del Rey. La autoridad sobre las doce tribus de Israel se pondrá en manos de los doce apóstoles (Mateo 19:28) y otros príncipes y nobles compartirán de igual modo los deberes de gobierno (Jeremías 30:21; Isaías 32:1). Muchas personas de menor rango tendrán sus responsabilidades en los diversos departamentos del gobierno del milenio (Lucas 19:11-27).

Los súbditos de este reino terrenal serán las gentes, tanto judías como gentiles, que sobrevivirán a la tribulación y después de aquel período entrarán en el milenio con cuerpos terrenales. Parecería que, al principio, entonces, no habrá ni una sola persona no salva en el reino. Sin embargo, no pasará mucho tiempo –quizá solo minutos– antes de que nazca un niño, y luego otro, y después otro, hasta que justo en unos cuantos años habrá un gran número de jóvenes en el reino.

Algunos aceptarán a Cristo como su Salvador y otros no lo harán, aunque todos, regenerados o no, tendrán que rendir obediencia externa a la autoridad del Rey. La iglesia gobernará con Cristo y tendrá cuerpos de resurrección. No se verán limitados físicamente ni contribuirán a los problemas del espacio, de la comida, o del gobierno durante el milenio. La actual residencia de la iglesia durante el milenio será la nueva Jerusalén (Apocalipsis 21:2, 9-10).

Su carácter espiritual

Se dice con frecuencia que el reinado durante el milenio no puede ser espiritual porque es terrenal, pero, desde luego, no es preciso que haya contradicción entre ambas ideas. Se espera que hoy el cristiano que vive sobre la tierra sea espiritual y, en la práctica, durante el milenio Dios juntará lo espiritual y lo terrenal en un despliegue final de su gloria sobre la tierra, en tanto que el reino mostrará las normas mayores de espiritualidad.

Algunas de las características espirituales del reino incluyen las que siguen: la justicia florecerá (Isaías 11: 3-5), la paz será universal (Isaías 2:4), el Espíritu Santo se manifestará de formas inusitadas (Isaías 61:3; Joel 2:28-29) y Satanás será encadenado (Apocalipsis 20:2-3). Algunos creen que el templo será reedificado en el tiempo del milenio y que se empleará para la adoración mediante sacrificios de animales. Ezequiel 40-46 parece indicar tal cosa, aunque frecuentemente se hace la pregunta de ¿cuál será el propósito de esos sacrificios y para qué servirán, ya que Cristo estará presente en la tierra? Quizá la contestación a tal pregunta no podamos darla sencillamente porque nosotros no entendemos plenamente la naturaleza de la adoración espiritual del reino.

Su justicia social

Un gobierno teocrático de justicia y rectitud ha de incluir ramificaciones en el campo de la justicia social durante el milenio. Ya no tendrán que depender los tribunales de las evidencias habituales, ojos y oídos, que siempre están sujetos al error, toda vez que Cristo juzgará con exactitud a base de su conocimiento completo en cada ocasión (Isaías 11:3-5). Ningún delito se escapará al castigo, no se permitirá que continúe la opresión, los cuerpos de seguridad se reducirán tajantemente (bajando así los impuestos), y la paz mundial eliminará los gastos que suponen el mantenimiento de todo el aparato militar.

Además de ello, la productividad de la tierra aumentará enormemente (Isaías 35:1-2) porque la maldición a que esta fue sujeta después del pecado de Adán (Génesis 3:17) se trocará, aunque no será levantada del todo hasta el final del milenio cuando la muerte sea vencida, finalmente, para siempre. El aumento de lluvia, comida y producción abrirán, por supuesto, una era de gran prosperidad para todos, y el gobierno de Cristo garantizará que todos sean pagados con justicia y equidad, sea cual fuere la manera en que ellos contribuyan, bien por productos o por servicios. La paz sobre la tierra significará prosperidad en la tierra y justicia social para todos.

Su fin

El final del milenio verá la rebelión última y definitiva de los mortales y de Satanás contra Dios y contra su gobierno. Durante mil años Dios habrá ofrecido a la humanidad las condiciones más ideales para vivir y habrá extendido el conocimiento del Señor a todos los rincones del globo. El hecho de que los hombres se opongan abiertamente a Dios después de tales beneficios servirá para probar que el cambio de las condiciones externas *no* satisface la necesidad básica del ser humano. En su interior todavía será un rebelde, a menos que haya habido un cambio en su corazón por medio de la regeneración. Muchos de los que hayan nacido durante el milenio no querrán recibir la gracia salvadora del Rey. Todos, aparentemente, tendrán que prestar fidelidad externa a Cristo, pero, como en todas las edades, Dios no obligará al individuo a recibir al Salvador. En consecuencia, muchos de los que vivan al terminar el milenio no habrán creído en Cristo para su propia salvación, incluso a pesar de haberle obedecido como cabeza del gobierno.

La oportunidad de rebelarse contra Cristo tendrá lugar cuando el diablo sea desatado (Apocalipsis 20:7-9). Tan pronto como esto suceda, él engañará a las naciones, como hizo antes de ser encerrado, y su influencia será mundial. Su revolución llegará al colmo cuando las fuerzas de la revolución se dirijan a la ciudad capital, Jerusalén, para atacar en el preciso lugar y centro del gobierno de Cristo. Justamente cuando están a punto de atacar, Dios enviará fuego desde el cielo para destruirlos completamente y eso acabará para siempre la oposición de cualquier clase contra el Señor. La gente que se haya reunido en esta revolución será destruida por fuego y Satanás será arrojado al lago de fuego (Apocalipsis 20:10). Reforma no es lo mismo que regeneración y la mejora no es conversión, así que esta revolución mostrará una vez más que lo que el ser humano necesita es un trabajo de la gracia sobrenatural en su propio corazón.

Los juicios del futuro

El juicio de las obras del creyente

Después de que la iglesia haya sido tomada al cielo por medio del traslado y la resurrección, los creyentes individuales serán juzgados por sus obras realizadas en su calidad de cristianos (1 Corintios 3:11-15). No está en entredicho la salvación que asegura el cielo, tan solo si se entra en el cielo con recompensa o sin ella. Pablo deja bien claro en este pasaje que aquellos creyentes cuyas obras sean de tal carácter que no pasen la prueba, con todo y eso serán salvos (v. 15). Se hace la pregunta con frecuencia de cómo es que los pecados de uno son perdonados y, sin embargo, las obras de cada uno han de ser revisadas en el tribunal de Cristo. El perdón concierne a la justificación, en tanto que la revisión de obras pertenece al ámbito de las recompensas, y una vez que se haya hecho la revisión, no habrá llanto ni lágrimas porque no existen en el cielo. Además, nos preguntamos también de qué naturaleza serán las recompensas. Si el cielo, es el cielo, ¿qué diferencia harán las recompensas? La contestación a tal pregunta no se nos da en la Biblia; sin embargo, las recompensas se mencionan como debida motivación del servicio cristiano. Se nos dice por qué cosas se darán recompensas. Una corona de gloria se otorgará por llevar gente a Cristo (1 Tesalonicenses 2:19), una corona de justicia por aguardar con amor la venida del Señor (2 Timoteo 4:8), una corona de vida por haber resistido la prueba con amor por el Señor (Santiago 1:12), una corona de gloria para los ancianos que son fieles a sus responsabilidades en la iglesia (1 Pedro 5:4).

El juicio de los gentiles que sobrevivirán a la tribulación

Algunas gentes pasarán por los juicios de la tribulación, siendo juzgados antes de que el milenio se establezca y funcione. El tiempo del juicio se indica claramente con las palabras "cuando el hijo del hombre venga en su gloria" (Mateo 25:31-46). Tendrá lugar sobre la tierra en el valle de Josafat (Joel 3:2). Probablemente este valle será formado en el área de Jerusalén por algunos de los fenómenos físicos relacionados con la segunda venida de Cristo (Zacarías 14:4). Los juzgados se llaman "naciones", palabra hebrea que se traduce por "gentes", "paganos", "naciones" y, con más frecuencia, "gentiles". La palabra griega traducida "naciones" en Mateo 25:32 también se traduce por "gentiles" en el Nuevo Testamento (véase Romanos 11:11-12, 25). Este debe ser un juicio de individuos (nunca ha habido una nación justa), no naciones como grupos, de modo que resulta mejor traducir "gentiles".

La base del juicio será el tratamiento que hayan dado esos gentiles al grupo de personas que Jesús llama "mis hermanos" (Mateo 25:40). Para averiguar quiénes son esos hermanos, hay que seguir un proceso de eliminación. Ya que Cristo está presente como Juez y ya que la iglesia ha sido arrebatada antes del comienzo de la tribulación, el único grupo que queda parece ser que se trate de los judíos que vivan en el tiempo de la tribulación (sus "hermanos", según la carne). Ellos serán objeto de intensa persecución en aquellos días, de modo que cualquiera que sea compasivo con ellos, o les haga algún favor, caerá bajo gran sospecha. En aquel tiempo la gente no dará alimentos, ni vestidos, ni visitará a los judíos simplemente por razones humanitarias porque hacer tales cosas implicaría un verdadero riesgo de la propia vida, por lo que quien lo haga mostrará que tiene nueva vida en su corazón. En otras palabras, las obras amables que estos gentiles hayan hecho a los hermanos judíos del Señor serán prueba de la condición de regeneración en esos gentiles, y el ser regenerados les salvará. El hacer tales obras mostrará que están regenerados.

Aquellos que hayan dado señales de un nuevo nacimiento se convertirán en súbditos del reino (Mateo 25:34). Aquellos que muestren por sus obras la falta de esa vida eterna serán condenados al lago de fuego (v. 41). Quienes entren en el reino lo harán con sus cuerpos terrenales; se casarán, tendrán hijos y serán el medio por el cual se poblará la tierra del milenio.

El juicio de los judíos que sobrevivan a la tribulación

Aquellos judíos que vivan durante el período de la tribulación serán también juzgados (Ezequiel 20:34-38). El Señor también habló de este juicio en una parábola (Mateo 25:14-30) y la colocó inmediatamente después de su vuelta. El resultado de este juicio será que los judíos no salvos serán cortados o eliminados tanto de la vida del milenio como de la vida eterna por cuanto ningún rebelde entrará en el milenio (Ezequiel 20:37; Mateo 25:30).

El juicio de los ángeles caídos

Satanás, desde luego, será juzgado en la segunda venida de Cristo y amarrado en el abismo durante el milenio y luego, tras su breve rebelión al final será lanzado eternamente en el lago de fuego (Apocalipsis 20:2-3, 7, 10). Aquellos ángeles que siguieron la rebelión inicial de Satanás en contra de Dios serán igualmente juzgados. Ese tiempo se llama "el gran día" (Judas 6), probablemente a finales del milenio (final del día del Señor) cuando Satanás es juzgado finalmente. Los creyentes, al parecer, tendrán parte en la ejecución de tal juicio (1 Corintios 6:3).

El juicio de los muertos no salvos (en el gran trono blanco) (Apocalipsis 20:11-15)

Cuando llegamos a la conclusión del reino milenial, encontramos el gran trono blanco que se establece en algún lugar del espacio porque esta tierra que conocemos y los cielos estrellados habrán sido repuestos. El Juez que se sentará en dicho trono será Cristo (Juan 5:22; los mejores textos de Apocalipsis 20:12 dicen "delante del trono"[LBLA] y no "ante Dios"[RVR60]). Los que serán juzgados son los muertos de todos los tiempos que no fueron salvos. Todos los redimidos habrán sido resucitados y juzgados con anterioridad, de modo que solo quedarán los no salvos (Apocalipsis 20:6).

Estas gentes serán también juzgadas sobre la base de sus obras (vv. 12-13) y entran en juicio porque no fueron salvos y una vez allí serán juzgados por las obras realizadas. Cuando se abre el libro de la vida, vemos que no hay nombre alguno de los que se encuentran delante del trono precisamente porque, al haber rechazado a Jesucristo, sus nombres no fueron escritos en el libro de la vida. Sus obras, llevadas a cabo durante esa vida, muestran que tales personas se merecen el castigo eterno.

Es casi un acto de condescendencia de parte de Dios el

mostrar a estos seres delante del juicio cuando se merecen el lago de fuego, a juzgar por sus propias fichas personales, o por su historial. Parece también probable que esta base de juicio sirva, al mismo tiempo, como base para los diferentes grados de castigo en el infierno (véase Lucas 12:47-48). Para todos los que se presentan a ese juicio, el resultado será el mismo, esto es, serán echados en el lago de fuego. Esto es lo que se llama la segunda muerte y significa la eterna separación de Dios. Incluso la muerte (que pide el cuerpo) y el hades (que reclama el alma) serán echados en el lago de fuego por cuanto su trabajo habrá terminado. Estos juicios podríamos plantearlos de la siguiente manera:

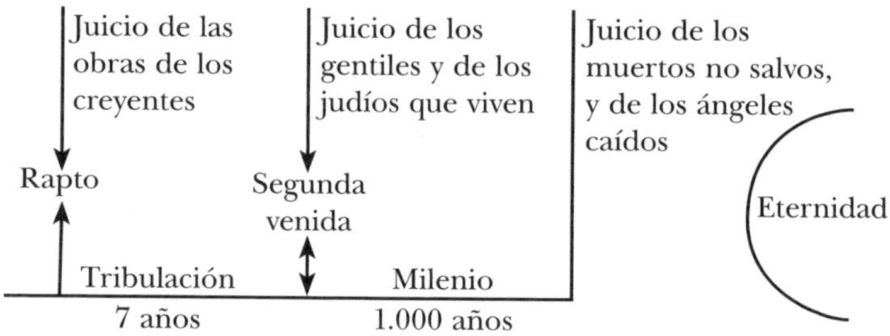

LA RESURRECCIÓN

Contrariamente a la idea popular, no habrá un día de resurrección general. Básicamente habrá dos resurrecciones, si las consideramos, no cronológicamente, sino en relación a la clase de gente que se verá envuelta, esto es, la resurrección de los justos y la resurrección de los injustos (Juan 5:28-29; Lucas 14:14).

Entre la muerte del cuerpo y la resurrección, tanto los justos como los malos existirán en un estado consciente. El creyente en la presencia del Señor durante este tiempo (2 Corintios 5:1-8; Filipenses 1:23) en tanto que el incrédulo en un tormento consciente (Lucas 16:19-31).

La resurrección de los justos

La resurrección del justo también se llama primera resurrección y se realizará en varias etapas, no todo a un tiempo. Los muertos en Cristo serán levantados primeramente en el rapto de la iglesia (1 Tesalonicenses 4:16). Los redimidos del período de la tribulación que mueran durante aquel tiempo serán resucitados antes del milenio (Apocalipsis 20:4). Los redimidos de los tiempos del Antiguo Testamento formarán parte también de la resurrección de los justos. Los expositores se encuentran divididos en cuanto al tiempo de dicha resurrección porque algunos creen que sucederá en el rapto cuando los santos de la iglesia sean tomados, y otros piensan que ocurrirá durante la segunda venida (Daniel 12:2; este escritor prefiere la segunda opinión).

La resurrección de los injustos

Como hemos indicado antes, al estudiar el juicio del gran trono blanco, todas las personas no salvas de todos los tiempos resucitarán después del milenio para ser juzgadas y luego arrojadas al lago de fuego para siempre (Apocalipsis 20:11-15). Cuando resuciten, al parecer, tendrán una especie de cuerpos que podrán vivir para siempre y sentir los efectos de los tormentos del lago de fuego.

El cielo y el infierno

El cielo

Las Escrituras hablan de los cielos (Génesis 1; Hebreos 4:14) y hay, según parece, solamente tres (2 Corintios 12:2; el tercer cielo es la verdadera presencia de Dios). Nuestro Señor se refirió al cielo como un lugar definitivo, o definido (Juan 14:1-3) al que solo puede entrarse por medio de Cristo.

Algunas de las características del cielo son las siguientes: Está habitado (Hebreos 12:22-24), es un lugar de gran belleza (Apocalipsis 21:1—22:7), no habrá reproducción allí (Marcos 12:25), será un lugar santo (Apocalipsis 21:27) y serviremos y adoraremos a Dios allí, con quien tendremos comunión (Apocalipsis 4—5), adquiriendo una nueva perspectiva sobre todas las cosas (véase Isaías 66:24).

El infierno

La palabra *infierno* no es muy específica, ya que tiene varios significados en comparación con las palabras bíblicas que ordinariamente traduce. En el Antiguo Testamento la palabra *infierno* es traducción de la palabra hebrea *sheol*, que a veces significa la tumba y a veces el lugar de los que partieron en contraste con el estado de los vivientes. Era considerado como un lugar de horror (Salmo 30:9; Números 16:33), de llanto (Isaías 38:3) y de castigo (Job 24:19).

En el Nuevo Testamento hay tres palabras que se refieren a la doctrina del infierno. *Hades* es el equivalente de *sheol* y es el lugar adonde van las personas que no han sido salvas al morir, esperando la resurrección y el juicio en el gran trono blanco. El *hades* es algo temporal, toda vez que, al final, será echado en el lago de fuego. El *tártaros* (2 Pedro 2:4) ocurre solo una vez y describe un lugar donde están encerrados ciertos ángeles caídos. La *gehenna* (2 Reyes 23:10; Mateo 10:28) era un triste montón de basuras común y lugar de fuego perpetuo y de asquerosidad nauseabunda. El valle en Jerusalén ilustra ese fuego y terror del lago de fuego. El infierno se concibe como lugar de profunda negrura (Mateo 8:12), de tormento eterno y de castigo (Apocalipsis 14:10-11).

El castigo de los que no se salvaron no consiste en la aniquilación, ni tampoco en la posibilidad de que sean restaurados después de un tiempo de sufrimiento, es decir, en otras palabras, la Biblia no da pie a una inmortalidad condicional (aniquilación final) ni al clásico universalismo (restauración tras un período de castigo). La misma palabra que se emplea para el juicio eterno (Hebreos 6:2) es la que se emplea para la vida eterna (Juan 3:15) y para el Dios eterno (1 Timoteo 1:17). Si una de ellas es temporal, las otras también lo serán, por supuesto. Además, la misma frase que significa *por siempre* se emplea para decir que Dios vive por siempre, o "por los siglos de los siglos" (Apocalipsis 15:7), para la vida eterna (Juan 10:28) y para el tormento eterno (Apocalipsis 14:11). En consecuencia, no hay vía de escape porque si Dios es eterno también es eterno el castigo en el lago de fuego. No hay aniquilación ni restauración. El universalismo hoy toma la forma de doctrina que dice que todos serán salvados sin ninguna clase de castigo, y se basa en una mala interpretación de Hechos 3:21; 1 Corintios 15:24-28 y Colosenses 1:20, pero ignora completamente la enseñanza bíblica de los diversos destinos de los justos y los perversos (Mateo 25:46; Juan 5:29; Romanos 2:8-10; Apocalipsis 20:10-15).

ÍNDICE DE TEXTOS BÍBLICOS

ANTIGUO TESTAMENTO

Génesis

1:1–2:1 110
1 .... 109, 195
1:1 .... 25, 28, 34, 110
1:21 110
1:26 .... 34, 40, 112
1:27 110
2:7 112
3 115
3:1 116
3:14-15 100
3:17 189
3:17-19 117
3:22-24 96
5:1 112
6:2-4 103
6:3 .... 78, 183
6:3-7 29
6:6 26
6:15 111
7:11 184
7:19-20 111
7:24 184
8:4 184
9:3 134
12:1-3 .... 53, 172
12:2 172
12:10-20 173
13:14-17 172
14:12-20 172
14:22 30
15:1-7 172
15:5 172
15:9-17 173
15:18 172
17:1 30
17:1-18 172
17:7 172
18:1-2 96
18:17 172
20:2-18 172
21:33 .... 25, 30
22 135
22:14 30
22:15-16 34
24:34-35 172
26:2 173
28:13-15 173
31:30 28
38:7 119
41:38 77

Éxodo

3:14-15 56
3:14 29
4:22 36
6:6 29
7:23 113
12 135
12:5-6 123
12:12 28
17:15 30
20:3 33
20:11 112
21:1-6 29
31:3 78
31:13 31

Levítico

1–5 135
11:44-45 29
16 135

Números

16:33 196
19 135
20:29 184
24:17 57
27:18 77

Deuteronomio

4:35 33
4:37 124
5:7 33
6:4 .... 28, 33
13:1-11 171
18:20-22 171
21:13 184
25:1 137
28:25 174
30:7 172
32:39 33
34:8 184

Josué

5:14 29

Jueces

3:10 77
5:3 31
6:24 30
14:6 78
15:14 77
16:20 77

Rut

1:20-21 30

1 Samuel

1:3 30
10:9-10 77
16:13 78
16:14 104
22:15 120

2 Samuel

7 53
7:12-16 174
23:2 77

1 Reyes

4:21 175
8:50 119

2 Reyes

23:10 196

1 Crónicas

1:1 112
16:13 124

2 Crónicas

24:20-21 47
36:12-13 31

Nehemías

9:20 78

Job

1:12 99
11:7 18
19:25 178
24:19 196
26:13 76
33:4 76

Salmos

2 44
2:7-9 37
8:1 31
8:3-6 112
8:9 31
19 17
19:1-6 18
19:9 22
23:1 31
30:9 196
33:6 76
37:4 113
41 44
48:2 187
51:11 78
78 18
82:6 45
89:30-37 174
90:2 25
104:29 76
104:30 .... 74, 76
110 44
110:1 45
116:5 22
119:11 121
139 27
139:7 .... 34, 74
145:17 22
147:4 20

Isaías

1:4 31
2:3 187
2:4 189
6:1-3 96
6:1-13 75
6:2 96
6:8-11 29
7:14 60
9:6 .... 34, 56
9:6-7 .... 66, 174
11:2-3 93
11:3-5 .... 188, 189
11:4 188
11:9 187
14 104
14:1-2 172
14:13-14 100
14:14 30
17:6 31
24:21 104
24:23 187
26:1-4 187
26:19 178
32:1 188
33:20 187
35:1-2 189
38:3 196
40:12-13 76
40:13-14 24
40:26 17
40:28 30
42:1 124
45:1-4 124
45:14 33
46:9 33
46:9-10 26
48:16 34

53:1 29
53:5 29
53:6 29
53:10 29
61:3 189
65:20 188
66:24 195

Jeremías

12:1 22
23:5-6 174
23:6 31
25:11 174
30:9 188
30:21 188
31:31-34 ....75, 93

Ezequiel

20:34-38 192
20:37 193
28 104
28:11-15 99
28:12 15 ....99 100
28:12 99
28:14 98-99
28:16 100
36:27 93
37:24-25 ....174, 188
38–39 186
40–46 189
48:11 119
48:35 31

Daniel

4 105
4:8 77
7:13 57
7:14 188
9:2 39
9:24-27 184
9:27 185
10:10-14 103
10:13 ....96, 104
10:21 97
11:40-43 186
12:1 97
12:2 ....178, 195

Oseas

3:4-5 174

Joel

2 93
2:28-29 189
2:31 110
2:32 59
3:2 191

Amós

9:11 174

Jonás

3:10 26

Miqueas

3:8 77
5:2 ....34, 55

Habacuc

1:12 56

Zacarías

4:6 93
5:9 96
12:10 92
14:4 192
14:4-9 174
14:9 187
14:10 187

Malaquías

3:1 59
3:6 26

Nuevo Testamento

Mateo

1:16 60
1:18 61
1:20 78
1:21 61
1:23 60
2:13 97
2:16 101
3:16-17 35
3:17 36
4:1-11 101
4:2 61
4:11 97
5–7 65
5:18 44
5:21 119
5:45 53
6:10 187
8:12 196
8:29 103
9:4 33
9:32-33 105
9:33 104
9:36 61
10:5-7 52
10:8 105
10:28 196

11:21 20
12:24 102
12:28 78
12:31-32 75
12:41 147
13:38-39 101
13:39 .... 97, 98
13:44 129
13:57 65
14:33 59
15:6 39
15:19-20 113
16:18-19 166
16:18...69, 152, 166, 168
16:19 166
16:23 101
17:15 105
17:18 103
18:10 96
18:17 158
18:20 .... 59, 63
19:3-6 115
19:4-5 112
19:28 .... 80, 187, 188
20:28 .... 127, 136
22:32 45
22:37 .... 113, 114
22:41-46 45
22:43 77
22:43-45 59
24 25 65
24:4-14 186
24:21 184
24:22 .... 124, 180
24:24 124
24:27 179
24:29-30 93
24:31 124
24:36 63
25:14-30 192
25:30 193
25:31-46 191
25:32 192
25:34 192
25:40 .... 172, 192
25:41 .... 98, 106
25:46 197
26:38 61
26:53 .... 96, 97
26:63 57
26:63-64 57
28:2 97
28:6 .... 68, 97
28:11-15 67
28:18 .... 33, 58, 63
28:18-20 .... 52, 63
28:19.. 34, 35, 59, 75, 145
28:19-20 158
28:20 .... 33, 59

Marcos

1:14–9:50 65
1:24 103
1:32 53
2:1-12 .... 34, 58
2:8 .... 59, 63
3:17 57
3:29 131
5:13 104
6:13 105
9:25 103
9:45-48 23
10:6 7 112
10:45 127
10:47 61
12:25 .... 96, 195
12:36 44
14:21 131
14:53–15:1 65
15:1-5 65
15:6-15 65
16:16 147

Lucas

1:1-4 45
1:26-33 97
1:31-33 .... 60, 66
1:32-33 174
1:35 .... 60, 74, 78
1:46-47 113
1:76 59
2:13 .... 96, 97
2:52 61
3:38 .... 112, 115
4:17 39
4:18 78
6:46 144
8:12 101
8:12-15 144
8:31 106
9:51–19:28 65
10:18 98
11:11 127
11:18 98
11:24-26 106
11:51 47
12:47-48 194
13:11 104
13:16 104
14:14 194
14:16-24 145
14:25-33 145
15:10 97
16:19-31 194
16:22 97
18:13 131
19:10 61
19:11 187
19:11-27 .... 187, 188
19:29–22:46 65

20:36 96
22:43 97
23:8-12 65
23:46 61
24:13 35 67
24:27 19
24:30 68
24:42 43 68
24:44 45 19

Juan

1:1 58
1:3 58
1:9 51
1:12 143
1:17 53
1:18 60
1:29 136
1:32 78
1:48 59
2 111
2:11 19
2:13–4:3 65
3:5-6 .... 34, 74
3:5 138
3:8 34
3:15 196
3:16 .... 23, 123, 143
3:17 136
4:6 61
4:10 147
4:11 144
5:18 57
5:22 193
5:25 58
5:27 58
5:28-29 .... 68, 194
5:29 197
5:37 37
5:39 19
6:27 33
6:29 148
6:44 125
6:62 69
7:37-39 121
8:40 61
8:44 .... 99, 101
8:58 56
10 167
10:15 136
10:28-30 141
10:28 196
10:30 57
10:34 45
10:35 39
10:36 58
11:35 61
12:31 .... 80, 100, 135
13–16 65
13:1 141
13:18 126
13:27 101
14–16 166
14:1-3 .... 177, 195
14:2 .... 19, 69
14:3 69
14:6 24
14:9 19
14:12 70
14:14 70
14:16-17 82
14:17 78
14:26 77
15 167
15:1-16 70
15:6 142
15:26 .... 58, 75
16:8-11 79
16:8ss 80
16:12-15 .... 51, 90
16:13-14 73
16:13 .... 12, 51
16:14 73
16:33 184
17:1 69
17:5 63
17:15 ... 69, 101, 121, 182
18:2-13 65
18:12-24 65
19:28 61
20:6-7 67
20:11-17 67
20:19 68
20:23 166
20:26-29 67
20:27 68
20:28 .... 33, 58
21:1-23 67

Hechos

1:2 79
1:5 .... 82, 169
1:9-11 69
1:16 .... 44, 77
2 .... 93, 169
2:4 .... 88, 90
2:30-31 68
2:33 166
2:36 .... 91, 145
2:38 147
2:41 .... 90, 162
2:46 161
3:19 187
3:21 197
4:8 90
4:12 40
4:24-25 44
4:25 77
4:31 90
4:36 57

5:1-11 167
5:3-4 ....34, 75
5:3 101
5:14............................90
6:1-6......................... 155
6:3 ....90, 158
6:5 ....87, 158
6:7 90
7:38.......................... 152
8:29 91
8:38 163
8:39 72
9 168
10:3-6..........................41
10:14........................ 146
10:19-20......................91
10:38...........................78
10:47....................... 163
11:15-16.............83, 169
11:24...........................90
11:30........................154
12:7............................97
12:23 97
13.............................. 168
13:2............................91
13:4............................91
13:39............... 133, 148
13:48........................125
14:17 .... 17, 18
14:23........153, 154, 158
15:2.......................... 158
15:18..........................20
15:28..........................73
15:30........................ 158
16:6-7..........................91
16:31....... 123, 126, 143
16:32....................... 165
16:33...............163, 164
17:24..........................25
17:29.....................14, 40
17:30...............126, 135
17:31 .... 22, 58, 68
19:1-7........................ 165
19:8-19...................... 146
19:18........................ 122
19:32....................... 152
19:39........................ 152
19:41........................ 152
20:7 162
20:17....................... 154
20:22-23 91
20:28 154
22:16........................ 147
27:23-24.....................97
27:43........................ 114
28 168
28:25 75

Romanos

1:4 79
1:11............................86
1:16............................25
1:18......................... 131
1:18-20....................... 18
1:18-21.......................40
1:18–3:20................ 119
1:28 .... 113, 119
2:8-10........................ 197
2:15.......................... 113
3:2 39
3:4 ....24, 44
3:20 133
3:21-26.......................22
3:22 138
3:23 118
3:24.......................... 137
3:25 .... 131, 135, 138
3:28 138
3:30 138
5:8 23
5:9 137
5:11.......................... 130
5:12.......................... 120
5:12-21.......112, 115, 117
5:16.......................... 137
5:19.......................... 167
6:1-10................83, 131
6:1-4......................... 163
6:4 132
6:9 68
6:14.....................53, 139
6:18-20..................... 114
8:2 134
8:3 63
8:9 81
8:14......................88, 91
8:14-17..................... 139
8:16............................91
8:17.......................... 168
8:26 ....72, 92
8:27 72
8:28 40
8:28-30................... 125
8:29-39..................... 141
8:30 125
8:33-34 137
8:34 101
9 27
9:1-3...........................44
9:2 113
9:5 58
9:6-24....................... 125
9:22 126
10:4.......................... 133
10:9-10..................... 113
10:13..........................59
10:14........................ 125
11:11-12.................... 192
11:25........................ 192
11:26........................ 177
11:33-36.................... 126
12:1................. 144, 167
12:2.......................... 114

12:6-8 85
12:7 51
13:5 113
13:9 134
16:2 156
16:13 126

1 Corintios

1:2 152
1:10 158
2:9 51
2:10 34, 40
2:10-11 72
2:11 113
2:11-12 74
2:12 12
2:14 51
3:1-2 51
3:2 51
3:3 81
3:11 166
3:11-15 191
3:15 140, 142, 144
4:9 97
5 158, 166
5:1 158
5:4-5 121
6:3 193
6:9 119
6:11 139
6:19-20 130
6:19 81, 139, 183
7:5 101
7:14 164
7:22 168
8:4-6 33
8:7 113
8:10 113
8:12 113
10:2 162
10:17 161
10:31 118
10:32 177
11:2 158
11:7 112
11:9 112
11:20 158
11:24-25 161
11:26 161
11:30 121
12 167
12:8-10 84 85
12:11 72, 84
12:13 82, 83, 141, 169
12:28-30 85
12:30 83
12:31 86
13:8 85
14:15 114
14:24 165
15:5 67
15:6 67
15:17 68
15:22 112
15:23 168
15:24-28 197
15:45 167
15:51 178, 181
15:51-57 177 178
15:51-58 178
15:52 180
16:15 156

2 Corintios

1:22 83
3:6-13 139
3:7-11 134
4:4 99, 101, 114, 119
5:1-8 194
5:17 81
5:19-21 137
5:19 130, 136
5:21 60, 120, 127
7:1 113
8–9 165
8:17-24 156
8:19 158
11:3 98, 112
11:14 99
12:2 195
12:4 179
12:7-10 102
12:7 104
13:14 35, 59, 75

Gálatas

1:6 83
1:8-9 143
1:15-16 126
2:20 70, 139, 183
3:16 45, 172
3:23-25 133
3:26 37
3:27 83
4:1-5 139
4:4 61
4:5 130
5 89
5:16 89
6:1 119
6:2 134
6:10 166

Efesios

1 27
1:3 139
1:3-6 37
1:3-14 125
1:4 125
1:4-5 126
1:5 125
1:6 137
1:12-14 125

1:13 ... 83, 141
1:14 ... 73
1:17 ... 88
1:18-20 ... 70
1:19-20 ... 169
1:19-22 ... 68
1:20-23 ... 69, 166
1:22-23 ... 152
1:23 ... 59
2:3 ... 119
2:8-9 ... 126
2:10 ... 126
2:19 ... 138
2:19-21 ... 167
2:20-21 ... 70
2:20 ... 85
3:6 ... 53
3:10 ... 96, 152
3:17 ... 113
3:21 ... 152
4:6 ... 139, 183
4:7-12 ... 169
4:8 ... 69
4:8-11 ... 166
4:11 ... 69, 85
4:17 ... 114
4:18 ... 114, 119
4:22-25 ... 114
4:30 ... 72, 83, 141
4:31 ... 88
5:6 ... 131
5:17 ... 114
5:18 ... 87, 89
5:21 ... 90
5:23 ... 152
5:25-33 ... 167
5:25 ... 152
5:26 ... 136
5:26-27 ... 140, 166
5:27 ... 152
5:29 ... 70, 152
5:32 ... 152
6:11-12 ... 99, 101
6:11-18 ... 102
6:19 ... 92

Filipenses

1:1 ... 154-155, 159
1:23 ... 194
1:27 ... 158
2:1-11 ... 62
2:6 ... 58
2:10 ... 59
3:20 ... 138

Colosenses

1:13 ... 137
1:16 ... 56, 58
1:17 ... 40, 58
1:18 ... 69, 152
1:20 ... 197
2:9 ... 59
2:9-10 ... 139
2:14 ... 133
2:15 ... 135
3:12 ... 124, 126
4:1 ... 168

1 Tesalonicenses

1:1 ... 152
1:10 ... 181
2:18 ... 101
2:19 ... 191
3:5 ... 99
4:13-18 ... 70, 177, 178
4:16 ... 178, 195
4:17 ... 177, 179
5:2 ... 181
5:9 ... 181

2 Tesalonicenses

2:1-12 ... 182
2:4 ... 186
2:8 ... 132
3:14ss ... 158

1 Timoteo

1:17 ... 196
2:5 ... 61
2:6 ... 130
2:13-14 ... 112
3 ... 154
3:1-7 ... 154
3:6 ... 100
3:8 ... 155
3:8-13 ... 154
3:11 ... 156
3:13 ... 156, 159
3:15 ... 151
4:1 ... 104
4:1-3 ... 103
4:2 ... 113, 119
4:3 ... 52, 134
4:10 ... 136
4:14 ... 154
5:1-16 ... 165
5:9 ... 154
5:17 ... 48, 154, 158
5:20 ... 158
6:9 ... 114

2 Timoteo

2:16-18 ... 166
2:26 ... 98
3:16 ... 39, 41, 44
4:8 ... 191

Tito

1:1 ... 124
1:5 ... 154, 158
1:5-9 ... 154
1:15 ... 114
2:13 ... 58

2:14 130
3:5 80
3:8 114

Filemón

13 127

Hebreos

1:3 .... 25, 58, 59
1:6 59
1:8 59
1:14 96
2:3-4 85
2:5 187
2:18 70
3:7 44
4:7 113
4:12 39
4:14-16 .... 68, 69
4:14 195
4:15 .... 60, 61, 64
4:16 70
5:1-2 60
5:1-10 66
6:2 196
6:4-6 142
6:20 69
7:9-10 120
7:25 .... 66, 69, 101
9:10 163
9:12 .... 130, 161
9:14 79
9:28 181
10:1-10 60
10:10 160
10:15-16 44
10:15-17 75
10:24 165
12:6 121
12:9 37
12:22 96
12:22-24 195
12:23 152
13:7 .... 154, 158
13:15-16 167
13:17 .... 154, 158

Santiago

1:12 191
1:17 26
1:18 81
1:27 165
2:14-26 143
2:19 33
2:23 172
3:9 112
4:4 114
4:7 102

1 Pedro

1:2 33
1:4 139
1:5 25
1:11 77
1:12 96
1:15 21
1:16 140
1:23 81
2 167
2:4-8 166
2:5 138
2:9 138
2:11 113
2:19 113
2:21 60
2:24 161
3:18 .... 79, 127
4:10 85
5:4 191
5:8 .... 99, 102

2 Pedro

1:4 114
1:21 .... 44, 77
2:1 .... 129, 136
2:4 .... 102, 103, 196
2:7 146
3:3-7 111
3:16 .... 39, 48

1 Juan

1:1 61
1:5 21
1:6 121
1:7 .... 120, 134
1:8-10 120
1:9 122
2:1 .... 69, 141
2:2 .... 131, 136
2:6 64
2:27 91
2:29 81
3:1-3 140
3:4 118
3:8 .... 60, 99
3:16 23
4:8 22
4:9-10 23
5:7 33
5:9-12 40
5:19 99

2 Juan

1 126
13 126

Judas

6 .... 102, 193
8-9 102
9 .... 96, 97
14 .... 112, 115

24 141
24-25 140

Apocalipsis

1:8 58
1:11 152
2–3 .... 144, 151, 159
2:1 66
2:4 165
2:10 101
2:13-14 144
2:19 144
2:20 144
3:10 .... 181, 184
4–5 195
5:9 129
6 185
6:9-11 .... 182, 186
6:16 185
6:16-17 70
6:17 181
7 185
7:1 45
7:9-14 182
7:14 .... 92, 184
8 97
8–9 185
9 97
9:1-11 106
9:14 103
11:2 180
11:2-3 184
11:3-4 93
11:11 180
11:15 .... 180, 187
12:3 99
12:6 180
12:9 99
12:10 .... 99, 101
12:13 100
12:17 98
14:1-3 182
14:10-11 196
14:11 196
15:1-3 182
15:7 196
16 .... 97, 185
16:13-14 .... 101, 104, 106
16:13-16 103
16:14 103
17:3 185
17:8 125
19:6 25
19:7 138
19:7-8 167
19:11-16 70
19:16 59
20 .... 176, 187
20:2-3 .... 189, 193
20:2 100
20:3 101
20:4 .... 180, 195
20:6 193
20:7-9 190
20:7 193
20:10-15 197
20:10.. 100, 132, 190, 193
20:11-15 .... 193, 195
20:12 193
20:12-13 193
21:1–22:7 195
21:2 188
21:9 188
21:10 188
21:27 195

ÍNDICE DE TEMAS

Adonai, 29-30
Adopción, 138-139
Adriano, 57
Agnosticismo, 8
Alexandrinus Códex, 50
Amilenialismo, 175-176
Amor, 22-23
Ancianos, 154-155
Ángeles, 95-98, 193
Antropológico, argumento, 14-16
Apócrifos, libros, 48
Apoderado, 156-157
Apolinarios, 61
Arrianos, 56, 61
Arrepentimiento, 148-149
Ateísmo, 8-9
Autoridad, 8-11

Bar Kokba, 57
Barth, Karl (bartiano, bartianismo, neo-ortodoxia), 9, 18, 36, 42, 61, 74
Bautismo, agua, 147-148
    Espíritu Santo, 82-83
Biblia,
    Inspiración, 41-46
    Palabra de Dios, 46-48
    Revelación, 39-41

Calcedonia, Concilio de, 75
Cannon, H. Graham, 108
Canon, 46-48
Carnalidad, 51, 82
Cartago, Concilio de, 47
Catolicismo romano, 10, 166
Cena del Señor, 160-162
Cielo, 195
Conciencia, 113
Confesión, 122
Constantinopla, Concilio de, 75-76
Corazón, 113
Coronas, 191
Cosmológico, argumento, 13
Creación, 108-110
Cristo,
    Ascensión, 69
    Deidad, 55-59
    Humanidad, 60-62
    Impecabilidad, 63-64
    Kenosis. 62-63
    Muerte, 126-137
    Oficios, 65-66
    Resurrección, 66-69, 79
    Tentación, 63-65, 97
    Vida terrenal, 60-62, 78-79

Darwin, Charles, 7
Demonios, 102-106
Diaconisas, 156
Diáconos, 155, 157-158
Dictado, teoría, 42
Diez mandamientos, 42, 134
Diluvio, 111
Dios,
    Atributos, 19-28
    Existencia, 13-17
    Nombres, 28-31
    Padre, 36-37
    Revelación, 17-19
Discípulos, 145
Docetistas, 61
Dones espirituales, 84-87

Ebionitas, 56

Elección, 37, 124-126, 158
Elohim, 28, 34
Encarnación, 60
Espíritu Santo,
- Bautismo del, 82-83, 169
- Convicción del, 79-80
- Deidad del, 74-76
- Dones del, 84-87
- Morada interior del, 77-78, 81-82
- Procesión del, 75-76
- Sellado del, 83-84, 141
- Obra del Espíritu Santo en la vida del cristiano, 84-92

Eterno, 25, 30, 196
Eutiquio, 62
Evolución, 107-109

Filioque, 76
Filosóficos, argumentos, 13-17
Fósiles, 109

Hijo de Dios, 57-58
Hombre,
- Caída del, 115-117
- Carácter del, 107-114
- Pecado del, 117-122

Hume, 16

Iglesia,
- Comienzo de la, 168-169
- Cuerpo de Cristo, 83, 152
- Dirigentes de la, 154-157
- Gobierno de la, 157-160
- Local, 152-153
- Ordenanzas de la, 160-165
- Propósito de 165-166
- Rapto de la, 169, 177-184, 195

Iluminación, 41-42, 51
Imagen de Dios, 112
Imputación, 119-120
Infierno, 196-197
Infinito, 25
Inspiración de la Biblia, 41-46, 51
Interpretación, 51-53

Jamnia, 47
Jehová, 29
Jerónimo, 48-50
Josefo, 47
Jota, 44
Juicios, 58, 65, 191-194
Justicia de Dios, 21-22
Justificación, 137-138, 141

Kant, Immanuel, 7, 15
Kenosis, 62-63

Lenguas, 85
Ley, 133-134
Liberalismo, 9, 17, 42
Libertad, 24

Macedonius, 75
Mar Muerto, rollos del, 48-50
Masoretas, 48
Medio-tribulación, 180
Mente, 113-114
Milagros, 16-17
Milenio, 100, 169-170, 187-195
Monarquianismo, 36
Mutaciones, 108

Nacimiento, virginal, 78
Neo-ortodoxia, 9, 62

Omnipotente, 24-25
Omnipresente, 26-27
Omnisciente, 20-21, 74
Ontológico, argumento, 15
Oración, 88
Ordenanzas, 160-165

Pacto,
- Abrahámico, 53, 173-175
- Davídico, 53, 174, 176-177
- Teología del, 168

Palabra de Dios, 43-46
- Inerrancia, 43, 45

Panteísmo, 26
Pastor, 158
Pecado, 117-122
    Naturaleza del, 131-133
Pneumatómacos, 75
Postmilenialismo, 174-175
Postribulacionismo, 179-180, 182
Predestinación, 141
Premilenialismo, 176-177
Pretribulacionismo, 181-184
Profecía, 171
Propiciación, 131, 136

Rapto (arrebatamiento), 169, 177-184, 195
Reconciliación, 130-131
Redención, 129-130, 137
Regeneración, 74, 80-81, 187
Reino, 93, 187-190
Resurrección, 194-195
Revelación, 39-41, 51

Sabelianismo, 36, 73
Salvación, 123-149
Santidad, 21
Santificación, 139-140
Satanás, 98-102, 116-117, 183
Seguridad eterna, 20, 83, 140-142
Señor, 144-146
Septuaginta, 48-49
Sinaiticus, Gran Códex, 50
Soberano, 27-28
Socinianismo, 73
Sustitución, 126-129

Targums, 49
Tentación, 116-117
Tilde, 44
Toledo, Sínodo de, 75
Trento, Concilio de, 48, 160
Tribulación, período de, 92-93, 169-170, 184-186, 191-194
Trinidad, 31-36, 73-74

Unitarios, 36, 56, 61
Universalismo, 196-197

Vaticanos, Códex de, 50
Voluntad, 114
Vulgata, 48

Yahveh, 29-31, 74-75

Zoroastro, 118

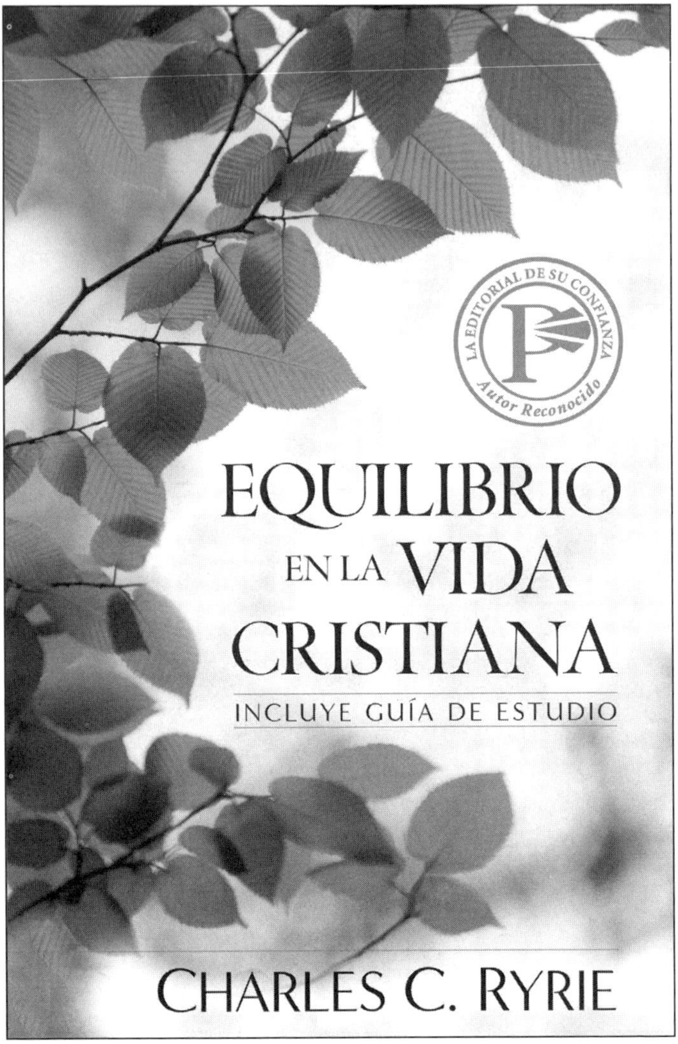

Un libro provechoso para los que deseen una aplicación práctica de espiritualidad equilibrada. Nueva edición con guía de estudio.

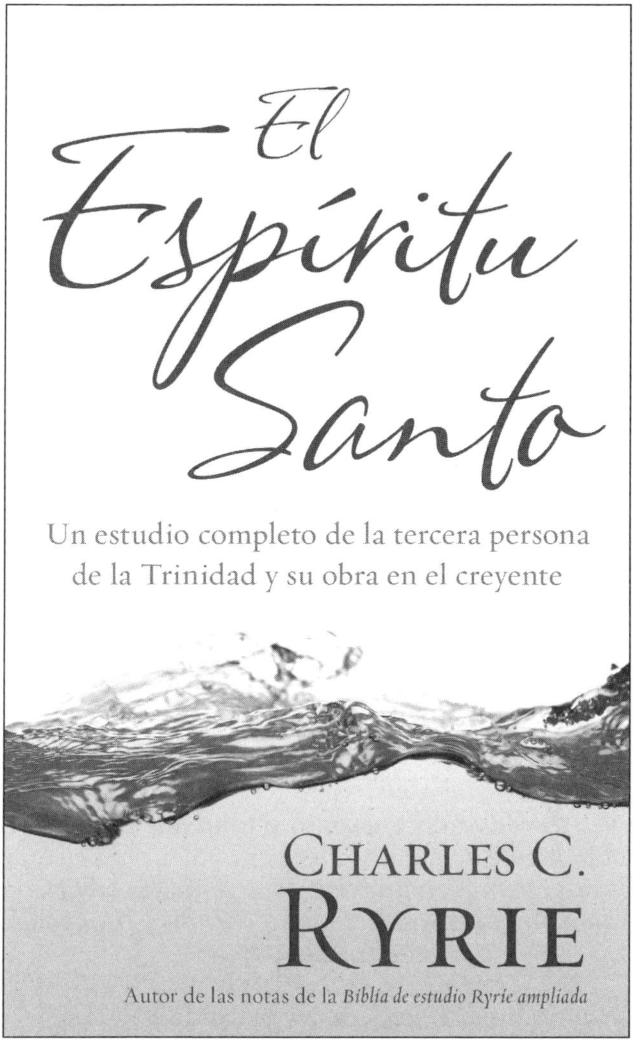

Un estudio completo de la tercera persona de la Trinidad y su obra en el creyente. En un cálido estilo personal, el doctor Ryrie ofrece esta guía práctica y útil para predicadores, maestros, estudiantes y laicos.

EDITORIAL
PORTAVOZ

NUESTRA VISIÓN

Maximizar el efecto de recursos cristianos de calidad que transforman vidas.

NUESTRA MISIÓN

Desarrollar y distribuir productos de calidad —con integridad y excelencia—, desde una perspectiva bíblica y confiable, que animen a las personas a conocer y servir a Jesucristo.

NUESTROS VALORES

Nuestros valores se encuentran fundamentados en la Biblia, fuente de toda verdad para hoy y para siempre. Nosotros ponemos en práctica estas verdades bíblicas como fundamento para las decisiones, normas y productos de nuestra compañía.

Valoramos la excelencia y la calidad
Valoramos la integridad y la confianza
Valoramos el mérito y la dignidad de los individuos y las relaciones
Valoramos el servicio
Valoramos la administración de los recursos